DONNA CUNNINGHAM

ASTROLOGIA E CURA ATRAVÉS DAS VIBRAÇÕES

Tradução
ZILDA HUTCHINSON SCHILD

EDITORA CULTRIX
São Paulo

Título do original:
Astrology and Vibrational Healing

Os ensinamentos contidos neste livro não se destinam a substituir os serviços do médico, que deve ser consultado sempre que necessário.

Edição	Ano
1-2-3-4-5-6-7-8-9-10	91-92-93-94-95-96-97-98

Direitos de tradução para a língua portuguesa
adquiridos com exclusividade pela
EDITORA CULTRIX LTDA.
Rua Dr. Mário Vicente, 374 - 04270 - São Paulo, SP - Fone: 272-1399
que se reserva a propriedade literária desta tradução.

Impresso nas oficinas gráficas da Editora Pensamento.

Este livro é dedicado à memória do meu professor, Richard Idemon, lamentando todos os livros que ele nunca escreveu.

Este livro é dedicado à memória do meu professor,
Richard Ideman, lamentando todos os livros que ele
nunca escreveu.

Sumário

Introdução

Como convém a um livro que trata de Saturno e dos planetas exteriores, este ficou em gestação durante sete anos. Teve um falso início em 1980, quando transcrevi gravações de conferências e organizei algumas notas; só que acabei usando esse material em *Being a Lunar Type in a Solar World.* Continuei a colecionar idéias, citações e material impresso, ordenando tudo em pastas de arquivo. Por outro lado, não deixei de afirmar à comunidade de astrólogos que pretendia escrever um livro sobre os planetas exteriores. Tantas vezes eles me ouviram falar a respeito que passaram a não acreditar no que eu dizia; eu não. No início de 1983, estava às voltas com a reformulação do esboço do livro; contudo, comecei pela seção sobre Plutão e este, fiel à sua natureza, assumiu o controle e tornou-se um livro independente: *Healing Pluto Problems.*

Além disso, passei por uma fase de profunda desilusão com a astrologia, uma vez que esta não se mostrava completa: revelava os problemas com bastante precisão, mas não apresentava soluções. A astrologia é descritiva e não prescritiva. Portanto, se você vê alguém com um Marte difícil, o que faz? Recomenda à pessoa que faça terapia durante alguns anos? Nossos clientes não dispõem de tempo para isso. . . Como raça, nós também não. Todos precisamos nos livrar da negatividade tão depressa quanto possível a fim de sobrevivermos e termos um mundo melhor.

Para suprir essa falha, estudei cura e me transformei de uma astróloga que por toda a vida se dedicou à astrologia, numa curadora que, por força das circunstâncias, tem a astrologia como um instrumento primário de diagnóstico. Eis os motivos que me levaram a ter adiado a escrita deste livro. Eu não queria apresentar apenas mais uma perspectiva sobre Saturno, Urano e Netuno. Esses planetas já foram magnificamente examinados por ótimos astrólogos como Doris Hebel, Steven Arroyo e Liz Greene. Eu esperava pelo componente desaparecido que os instrumentos de cura proporcionam.

No segundo livro desta série, há dois capítulos que ampliarão o entendimento de parte do tema deste livro inicial: um deles sobre a essência dos planetas e outro com observações gerais a respeito dos trânsitos. O material sobre a essência de Netuno, seus trânsitos e os instrumentos de cura para quadraturas netunianas aparecem no segundo livro, junto com algum material mais específico para astrólogos profissionais. Embora este seja um trabalho sobre os planetas exteriores, Plutão não é abordado em nenhum dos livros pois foi exaustivamente (poder-se-ia dizer, obsessivamente) estudado em *Healing Pluto Problems*. Aliás, pode-se considerar este livro como o terceiro volume da série.

Além do material sobre cura, presente em ambos os volumes, serão mencionadas algumas excitantes descobertas a respeito dos próprios planetas exteriores. Elas incluem as visões e os potenciais de cura de uma abordagem à astrologia através da homeopatia, a que chamarei de "técnica do círculo da vida." Tudo o que descobri ao trabalhar com o Zodíaco não são descobertas minhas; na verdade, é o Zodíaco descobrindo a si mesmo por meu intermédio. As descobertas aí estão para todos os que desejam observar a vida através das lentes da astrologia. Portanto, posso afirmar com perfeita isenção uraniana de ânimo, que este livro é muito rico em informações preciosas. Não estou elogiando a mim mesma, e sim fazendo um comentário sobre a maravilha que é a astrologia.

Um astrólogo que descobre algo novo sobre o Zodíaco não é brilnante, não mais do que Colombo foi ao descobrir a América. Ela estava ali para ser descoberta por qualquer espírito aventureiro e, na verdade, chegou-se a ela bem antes de 1492. Portanto, sem sombra de dúvida, não há nada de "novo" a respeito de a antiga ciência da astrologia ter sido descoberta antes. O que ela tem de excitante agora é que existem TANTOS "Colombos".

Infelizmente, nós, Colombos, temos uma opinião favorável sobre a nossa própria sabedoria, quando na verdade se trata da sabedoria do sistema solar que vislumbramos intermitentemente e que se perde outra vez quando nos fixamos em algum dos seus pontos como sendo o NOSSO sistema. Os astrólogos partilham da característica humana de querer ter razão. De fato, parece haver muitos assim. Ter razão é um conceito inerente ao planeta Júpiter e, em seus estudos, a pesquisadora francesa Françoise Gauquelin descobriu que astrólogos têm como característica comum Júpiter proeminente. (Os nazistas também.) Assim que elaboramos um sistema ou teoria, ignoramos toda evidência contrária e a defendemos a todo custo. Ter razão com freqüência, pode nos colocar na posição de "atrevidos".

Mesmo que você não se preocupe especialmente em ter razão, sua sobrevivência econômica como astrólogo, bem como a manutenção e a melhora do seu *status* dependem de você ter Razão. Ninguém quer que faça alguma previsão, se você não tiver a certeza de que está com a Razão. Os clientes também querem que você acerte – estão lhe pagando para isso. Os alunos ficam particularmente ansiosos para que você tenha Razão. Portanto, se não tiver certeza, trate de aprender rapidamente como desenvolvê-la.

Quanto mais estudo astrologia – e, através da astrologia, as pessoas – menos tenho certeza das coisas. Quando eu tinha apenas dois ou três anos de prática em astrologia, eu SABIA muito mais do que sei agora. . , e, com toda a probabilidade, era um "horror" a maior parte do tempo. Depois de cinco anos praticando astrologia, me transformei num presente divino para a astrologia, visto que dava conferências e proferia palestras. Agora, com dezenove anos de atuação nesse campo, sou tão "famosa" quanto uma astróloga pode ser, e cada vez mais descubro quão pouco sei. Na verdade, estou afinal prestes a me tornar humilde. Ainda não cheguei lá, mas estou muito perto. E tenho plena consciência de que o fato de eu não ter razão é apenas um outro modo de ter razão. E assim vamos indo.

Lista de Mapas Astrológicos

Capítulo I

UMA ABORDAGEM À ASTROLOGIA ATRAVÉS DA HOMEOPATIA

Antes de me tornar astróloga em período integral, trabalhei em hospitais e clínicas durante dez anos. A longa experiência com a medicina tradicional me decepcionou profundamente, o que me levou a pesquisar caminhos alternativos. Um dos mais intrigantes foi a Homeopatia, tão polêmica pela profunda diferença com relação à medicina tradicional e pelo fato de ainda não ter sido pesquisada a fundo. Sendo ou não uma medicina alternativa viável, a fundamentação filosófica da Homeopatia pode nos ensinar muita coisa. Senti-me estimulada a aplicar esses conceitos à Astrologia e descobri que isso funciona muito bem, sobretudo quando se trata de entender as complexidades psicológicas dos planetas exteriores e seus trânsitos. Além disso, como veremos, os conceitos conduzem a abordagens lógicas de cura.

Os Conceitos Básicos da Homeopatia

Etimologicamente, a palavra HOMEOPATIA divide-se em HOMEO, que significa "semelhante" ou "o mesmo", e PATIA, que significa "mal" ou "doença". Nestas duas palavras, está resumida a teoria da Homeopatia: cura-se uma doença usando uma substância cujos efeitos sejam semelhantes aos da própria doença. Por exemplo, para deter uma febre, o médico homeopata recorre a uma substância que, ministrada numa proporção muito mais destilada, tornaria febril uma pessoa sadia. O efeito é estimular as defesas do corpo, visto que os homeopatas acreditam na capacidade de o corpo curar-se por si mesmo. Para um homeopata, os sintomas não são sinais de doença, mas de recuperação da saúde, resultantes da tentativa de o corpo mobilizar suas forças curadoras e lutar contra o mal.

Na maioria dos casos, a medicina tradicional (ou ALOPÁTICA) elimina os sintomas usando uma substância que produz resultados opostos aos da doença. Quando os sintomas desaparecem mas a causa subjacente não foi eliminada, mais cedo ou mais tarde surgirá novo problema em outra parte do corpo. Há dois casos em que a medicina alopática aceita a teoria da cura pelos semelhantes: a vacinação, èm que uma concentração fraca da doença é injetada no intuito de estimular a formação de anticorpos, e o tratamento das alergias, em que repetidas injeções da substância causadora da alergia são usadas para dessensibilizar o paciente.

Outro conceito básico da Homeopatia é o de que, além do corpo, o homem se constitui de alma e mente. Quando os três estão bem, a pessoa goza de perfeita saúde; por outro lado, se um dos três se desorganiza o indivíduo adoece. A pessoa fica doente bem antes de os tecidos adoecerem; por isso, tratar apenas a alteração dos tecidos, como fazem os médicos alopatas, representa um tratamento superficial. É bom lembrar também que os homeopatas acreditam na existência de quatro planos diferentes ao mesmo tempo: físico, mental, emocional e espiritual. O mais próximo que a medicina tradicional chega dessa totalidade do ser é na medicina psicossomática. Mesmo nesse campo, se reconhece a interação da emoção e do corpo, mas não o papel representado pelos fatores espirituais. Muitas formas alternativas de se cuidar da saúde, tal como a Homeopatia e a Quiropatia insistem numa abordagem holística.

Um conceito-chave da Homeopatia é o da suscetibilidade. Os vírus estão à nossa volta durante todo o tempo e com freqüência nos atacam; contudo, na maior parte das vezes, não nos causam nenhum mal. Só ficamos doentes quando há perturbação num dos quatro planos. Durante uma epidemia de gripe, nem todos adoecem; só ficam doentes os que estiverem suscetíveis.

A isso se relaciona o conceito da individualidade. O todo que forma cada pessoa, incluindo-se a história e o *status* de todos os quatro planos, é inteiramente individual; portanto, o tratamento também deve ser totalmente individualizado. Duas pessoas podem sofrer de pressão alta por motivos diferentes, o que requer tratamento diverso. Ao visitar o homeopata, a pessoa é examinada como um todo e seu estado geral é levado em conta na prescrição do tratamento. A Homeopatia é muito mais complexa do que se apresenta aqui, contudo esses cinco conceitos formam a sua base. Nosso próximo passo é tomar esses conceitos e aplicá-los à Astrologia.

Semelhantes se Curam com Semelhantes

Uma vez que o princípio segundo o qual semelhantes se curam com semelhantes é a base da Homeopatia, também tem de ser o alicerce da Astrologia Homeopática. Logicamente, se defrontados com um problema de Saturno, devemos procurar um remédio saturnino. Certa vez, examinei um afixador de cartazes que proclamava que a melhor cura para a preocupação era o trabalho e não o uísque. A preocupação é uma característica saturnina, e trabalho árduo que envolva progresso através do autocontrole rumo a um objetivo é outro traço saturnino, aliviando a preocupação pelo fato de se realizar algo concreto. Como o sujeito sugeriu, beber não é uma solução para fugir às preocupações. Isso seria aplicar um remédio netuniano a um problema de Saturno. . . uma abordagem alopática. O sintoma é temporariamente suprimido (a embriaguez leva a esquecer as preocupações) mas reaparece assim que você fica sóbrio outra vez.

Usaremos o conceito da cura dos semelhantes pelos semelhantes como um meio de descobrir os remédios destinados à cura dos complexos psicológicos associados aos planetas exteriores. Essa é uma das aplicações mais úteis da Astrologia Homeopática. A título de exemplo, o capítulo sobre o medo mostra não só de onde ele provém, mas também a forma de vencê-lo. Se o medo de falar em público vier a atrapalhar o sucesso (ambas as dificuldades se relacionam com Saturno), o remédio também terá de ser saturnino – fazer um plano detalhado do que se irá dizer, e praticar, praticar, praticar.

Nós Mesmos Podemos nos Curar

O homeopata acredita na capacidade de o corpo curar-se por si mesmo, e no fato de que os sintomas são sinais de que a saúde está sendo recuperada na medida em que o corpo mobiliza suas defesas. Aplicando-se isso à Astrologia, dizemos que se dermos às pessoas o estímulo apropriado, elas serão capazes de resolver seus problemas. Na medida em que criamos nossa própria realidade, podemos provocar situações favoráveis à nossa cura. Muitas das ações aparentemente neuróticas relacionadas com os planetas exteriores são de fato Sabedoria Interior. Por exemplo, no ponto em que Urano cair no mapa natal é muitas vezes onde sentimos certa instabilidade. A escolha que fazemos de pessoas ou de situações instáveis pode parecer neurótica para o psicólogo popular. No entanto, Urano também representa independência e, ao escolhermos congruentemente a instabilidade, nos imbuímos cada vez mais de uma maior autoconfiança. Ficamos espertos como raposas!

O conceito de que sintomas podem ser um sinal da recuperação da saúde também confere uma perspectiva diferente aos comportamentos erráticos sob os trânsitos de planetas exteriores. O sintoma faz parte do processo de solução do problema; é um modo de mobilizar as defesas a fim de atender a uma nova exigência. Essas defesas participam da essência do planeta em trânsito. Por exemplo, uma pessoa que esteja passando por um trânsito de Plutão pode retrair-se, evitando os antigos colegas. O comportamento pode ser alarmante, considerando-se que fomos criados achando que há algo de errado em ficar sozinho. Um tempo para ficar só pode ser exatamente aquilo de que a pessoa precisa – tempo para analisar todas as coisas e decidir como modificar uma situação dolorosa na vida. As dificuldades que atraímos para nós mesmos sob os trânsitos podem nos obrigar a confrontar de forma extrema o problema que estamos tentando resolver – um último relacionamento ofensivo, por exemplo – de maneira que nos mobilizamos para a mudança.

Muitas vezes, os trânsitos operam intensificando a energia do planeta – como se tivéssemos uma dose dupla de Saturno ou de Netuno. Dada essa intensificação, as pessoas tendem a soçobrar durante um trânsito. Isso é especialmente verdadeiro no caso de Urano. As pessoas podem ter reprimido sua individualidade por tanto tempo, que quando decidem, afinal, libertar-se, se tornam um pouco selvagens. Ao contrário, aquelas cujas carreiras têm estado estagnadas podem passar por um trânsito de Saturno e começar a trabalhar compulsivamente para recuperar o tempo perdido. De forma análoga, se estivemos suprimindo determinada emoção e um trânsito de Netuno nos coloca em contato com esse sentimento, este parece maior do que a própria vida. Na medida em que aprendemos a enfrentá-lo, ele se torna mais manipulável. Das teorias de Jung, a minha predileta é a do pêndulo, que diz que quanto mais pendermos para um lado, tanto mais o pêndulo terá de oscilar na direção oposta antes de podermos, por fim, nos equilibrar. Primeiro podemos oscilar para a frente e para trás aleatoriamente (os planetas em trânsito passam algumas vezes pelo mesmo ponto), mas, afinal, chegaremos a descansar numa posição mais equilibrada.

Na vida, como na medicina, corremos o risco de suprimir sintomas, em geral esmiuçando os problemas subjacentes. Você PODE passar por um trânsito difícil com o equivalente emocional dos analgésicos. Pode beber para fugir às preocupações. Pode ficar paralisado numa posição durante meses. Mas isso não resolverá o problema e, muitas vezes, por mera negligência, ele se agravará. Em última instância, ao fugir dos assuntos provocados pelos planetas exteriores, você perde uma oportunidade de crescer e de conseguir um discernimento que pode resultar numa melhor atuação na vida.

Os Quatro Planos e os Planetas Exteriores

A terceira regra da Homeopatia é a de que os quatro planos da existência – o físico, o mental, o emocional e o espiritual – devem ser considerados no diagnóstico e no tratamento. A contribuição desta regra para a Astrologia está no fato de que ela serve para nos lembrar de que atuamos em muitos níveis. A interpretação de mapas tem de ser holística, levando em consideração todos os níveis antes de se julgar um determinado aspecto ou trânsito.

Para qualquer problema externo que tenhamos (finanças, saúde, carreira, relacionamentos), uma astrologia metafísica e psicologicamente sofisticada pode ser capaz de delinear as correspondentes dificuldades mentais, emocionais e espirituais, lembrando-nos de que pode existir uma finalidade mais elevada por trás de qualquer problema. Para ser holístico, o astrólogo terá de reconhecer que a solução está no equilíbrio. Quando o tema se refere a um problema de Vênus (relacionamentos), por exemplo, a pessoa precisa também enfrentar as necessidades do Sol (auto-expressão), de Saturno (realização) e as de todos os outros planetas.

Ao nos lembrarmos de que sintomas significam a recuperação da saúde, precisamos ampliar a nossa visão. O que parece ser um problema físico, por exemplo, pode ser o modo com que o *Self superior* estabelece o equilíbrio nos níveis espiritual ou emocional. Pessoas suscetíveis com Ascendente em Capricórnio, por exemplo, podem adoecer quando um Netuno em trânsito passar por seu Ascendente – uma entre várias possibilidades sob este aspecto. O potencial mais positivo seria um despertar psíquico e espiritual ou um desenvolvimento criativo.

Entretanto, o recolhimento e a tranqüila reflexão que acompanham a doença podem algumas vezes ser um catalisador que traz à tona o potencial positivo. Se ocorrer uma doença, sua finalidade pode muito bem ser a de equilibrar os pratos da balança. Pessoas com Capricórnio no Ascendente lutam pela auto-suficiência e odeiam depender dos outros; quando estão doentes, são forçadas a deixar cair suas barreiras e permitir que os outros as ajudem. Muitas vezes a doença é uma jogada brilhante do *Self superior*, fazendo as pessoas enfrentarem assuntos que de outra forma não encarariam. Na verdade, pessoas com Ascendente em Capricórnio são conhecidas por terem saúde delicada, talvez exatamente para a finalidade, aqui mencionada, de equilibrar os pratos da balança. Naturalmente, pode-se substituir o padrão da doença pela aceitação consciente da responsabilidade quanto ao equilíbrio.

Suscetibilidade e Individualidade

Um conceito importante da Homeopatia é o da suscetibilidade; somente os suscetíveis a um distúrbio num dos quatro planetas sucumbirão a uma doença específica. Transportando-se isso para a Astrologia, obtém-se a explicação para o fato de algumas pessoas reagirem mal a determinados trânsitos, enquanto outras com o mesmo trânsito reagem de forma positiva ou nem sequer esboçam uma reação. Por exemplo, uma pessoa com Saturno cruzando sobre o Sol reage com depressão, com ansiedade, devido ao avanço da idade, e com sentimentos de fracasso. Outra, ao contrário, floresce na maturidade, aceitando novas responsabilidades e lançando um alicerce sólido para a vida. Ambas as reações são saturninas, só que a segunda encarna uma expressão positiva, enquanto a primeira, uma negativa. Uma pessoa é visivelmente mais suscetível ao efeito negativo do que a outra.

A questão a respeito do motivo da existência da suscetibilidade leva ao princípio da individualidade. A vantagem da Astrologia é que o mapa fornece as pistas para as suscetibilidades individuais, dependendo da forma natal do planeta e da história de recentes trânsitos daquele planeta. Os que têm um Netuno forte e muito mais complicado, muitas vezes tentam fugir aos sentimentos que envolvam dificuldades. Durante um trânsito de Netuno, eles podem trazer à tona sentimentos com os quais não se conseguiu lidar. As pessoas cujo Netuno natal não é tão forte, podem ter uma época mais fácil durante os seus trânsitos, visto que não são tão reprimidas. Da mesma forma, pessoas com alguns planetas em Câncer são afetadas mais profundamente por qualquer trânsito pela sua Lua, ou por qualquer coisa que ocorra com a sua Lua em trânsito – uma Lua Cheia ou um eclipse.

Exacerbação da suscetibilidade também pode ocorrer quando alguém teve recentemente certo número de trânsitos do mesmo planeta exterior, sobretudo por pontos-chave como o Sol, a Lua, o Meio-do-Céu ou o Ascendente. Da mesma forma, um aumento de sensibilidade costuma resultar de repetidos trânsitos recentes de sucessivos planetas exteriores em determinado ponto do mapa. Se, por exemplo, primeiro Netuno e, em seguida Saturno transitarem por

Vênus, a pessoa pode sentir-se muito vulnerável em seus relacionamentos. Dou a isso o nome de SENSIBILIZAÇÃO. De maneira semelhante, a repetida exposição a um planeta exterior em tenra idade tende a ocasionar uma sensibilidade para toda vida. Isso acontece, por exemplo, se Netuno estiver conjunto com o Sol quando o indivíduo tiver quatro anos e depois fizer uma quadratura com a Lua quando tiver cinco. Portanto, ao julgar a suscetibilidade, é útil considerar um histórico da vida da pessoa.

A Técnica do Círculo da Vida

De alguns anos para cá, e como uma extensão lógica à Astrologia Homeopática, desenvolvi a técnica do Círculo da Vida. Trata-se de um termo apropriado para denominá-la, pois a palavra grega ZODÍACO se traduz literalmente por círculo da vida. Na verdade, Círculo da Vida é o mesmo que Zodíaco, mas a impressão que se tem não é de algo grandioso? De fato, o Zodíaco é GRANDE e nele está contido tudo o que pertence à vida.

O Círculo do Zodíaco é uma fonte inexaurível de visão quanto à natureza e às dificuldades humanas. Os que leram meu livro *Being a Lunar Type In a Solar World* devem estar lembrados de que o círculo com Câncer no Ascendente foi usado para examinar os problemas relacionados com a Lua, tais como a síndrome pré-menstrual, a obesidade e a cólera materna. Neste livro, usamos o método com diferentes signos no Ascendente, a fim de descobrirmos a natureza de outros problemas. Acho que você se surpreenderá com o volume de esclarecimentos que vai obter. O problema sempre contém as sementes da solução – quase do mesmo modo como a Astrologia horária se fundamenta na crença de que a solução do problema está na hora em que o problema acontece.

Para os que não estão familiarizados com a minha técnica: esta consiste em decidir qual planeta se associa melhor com determinado tema. Em seguida, basta fazer o esquema de um mapa e colocar o signo regido por esse planeta na Primeira Casa. Para compreendermos a adolescência, por exemplo, usaremos um mapa com Aquário no Ascendente, por sabermos que esta fase da vida tem muito em comum com o planeta Urano. Continue colocando os demais onze signos do Zodíaco em seqüência. Desta forma, com Aquário no Ascendente, Peixes cairá na Segunda Casa, Áries na Terceira, Touro na Quarta e assim por diante.

Cada casa representa um setor determinado da vida e a combinação de casa/signo nos ajuda a entender a verdadeira natureza da dificuldade. Por exemplo, Áries na Terceira Casa (comunicação) num mapa com Aquário no Ascendente, revela a tendência de o adolescente ser combativo ao falar; assim verificamos como ele reage. Escorpião cai na Décima Casa, a que mostra nosso relacionamento com pessoas que têm autoridade, exemplificando a propensão que o adolescente tem de se ressentir contra a autoridade, de reagir intensamente à disciplina e de participar da luta pelo poder. Todo o círculo é analisado no capítulo denominado "O adolescente, o eterno adolescente e o quarentão". No decorrer do livro, obtém-se vislumbres esclarecedores ao usar outros círculos para analisar várias dificuldades psicológicas. O leitor está convidado a fazer uma experiência com essa técnica a fim de esclarecer outras áreas da vida.

Devo mencionar que todos os círculos são simbólicos. Isso significa que, quando usamos um círculo com Capricórnio no Ascendente para investigar a depressão, não estamos nos referindo às pessoas que têm Ascendente em Capricórnio, mas sim ao fenômeno da depressão. Sim, indivíduos com Capricórnio no Ascendente muitas vezes têm uma tendência para a depressão, portanto, podem achar este esclarecimento bastante útil. Por outro lado, há muitas outras pessoas que sofrem de depressão, e o círculo explica o estado mental e as atitudes de pessoas deprimidas, seja qual for o signo Ascendente.

Meus alunos experimentaram colocar seus planetas natais dentro de um círculo específico (0 graus do signo como cúspide de cada casa) e acharam isso muito proveitoso. No entanto, eu recomendo que primeiro você leia todos os círculos a fim de entender a natureza básica de dado problema, antes de individualizá-lo no seu mapa. A profundidade reside muito mais na combinação signo/casa do que no fato de Vênus ou de o Sol caírem em determinadas casas.

Embora as verdades possam ser surpreendentes, mais excitante ainda é o fato de o círculo não conter apenas o problema mas também a solução. Essa é a aplicação homeopática segundo a qual os semelhantes se curam pelos semelhantes. Viver inteiramente a expressão negativa da combinação de signo/casa cria o problema, ao passo que elevá-la à expressão positiva fornece a resposta. Isso foi feito em *Being a Lunar Type In a Solar World*, no intuito de descobrir soluções para problemas relacionados com a Lua. O círculo com Câncer no Ascendente tem Escorpião na Quinta Casa, o que não representa tão-somente os filhos, mas também a criatividade e as atividades de lazer. A expressão negativa de Escorpião é o ressentimento, ao passo que a positiva é a regeneração através da solidão. Ao lidar com o problema da tensão pré-menstrual, Escorpião na Quinta Casa mostra como, em certas ocasiões, quando uma mulher se encontra nesse estado, ela pode se sentir agressiva. Usar positivamente a combinação é determinar algum tempo para ficar só e tranqüila, e aproveitar esse intervalo para se dedicar aos próprios interesses. Neste livro voltaremos a usar os círculos homeopaticamente a fim de analisar as reações aos problemas que investigarmos.

Começamos por procurar saber como esses princípios podem ser aplicados à Astrologia de um modo mais esclarecedor. Em seguida, analisaremos algumas idéias sobre os trânsitos, especialmente quanto ao fato de como uma abordagem, através da Homeopatia, pode levar a um uso mais proveitoso das energias dos planetas em trânsito. Embora este livro fale muito mais sobre os planetas exteriores no mapa natal do que sobre os seus trânsitos, muitas vezes um trânsito nos leva a esclarecer as dificuldades apresentadas nesse mapa.

Abordagem aos Trânsitos dos Planetas Exteriores Através da Homeopatia

Uma vez que nosso propósito é traçar paralelos entre a Astrologia e a prática médica, ao explorar os efeitos dos trânsitos dos planetas exteriores pode ser interessante para nós seguir o padrão usado pelos médicos. Para cada planeta, consideramos, tal como fazem os médicos, quatro itens: 1) sintomas; 2) histórico do paciente; 3) diagnóstico; 4) tratamento. (No jargão médico, usam-se abreviaturas: Sint., Hist., Diag. e Trat.)

Os Trânsitos de Saturno

PLANOS FÍSICO/MATERIAL – Quando as casas que se referem à saúde – a Primeira, a Sexta e a Décima Segunda – estão envolvidas, os trânsitos de Saturno podem acarretar uma diminuição da resistência às doenças, pois sob sua influência as pessoas tendem a ficar exaustas devido ao excesso de trabalho ou de tensão. Visto que os ciclos de Saturno se relacionam com o processo de envelhecimento, as pessoas de repente se conscientizam dos sinais físicos e da mudança dos tecidos decorrentes do aumento da idade, apesar desse processo ocorrer paulatinamente. As pessoas se sentem compelidas a trabalhar mais, a assumir maiores responsabilidades, e a voltar ao começo, tornando a fazer coisas que não foram bem feitas antes.

PLANO MENTAL – As pessoas costumam ficar ansiosas quanto ao futuro, acusando a si mesmas de falta de realização ou acusando-se de não terem alcançado um bom nível de perfeição. Pode haver pensamentos pessimistas acerca das próprias capacidades e potenciais ao compará-los com os seus ideais. Independentemente de sua idade real, elas agora se tornam obcecadas pelos limites impostos pela idade e pelo desejo de se estabelecer com mais segurança.

PLANO EMOCIONAL – Sob os trânsitos de Saturno, as pessoas podem ser engolfadas pela depressão, a ponto mesmo de se tornarem melancólicas devido às próprias exigências de perfeccionismo. Essas pessoas muitas vezes se sentem assoberbadas pela preocupação, pela ansiedade e pela insegurança. Medo de envelhecer, de fracassar ou de ficar pobres são comuns. Com freqüência, as pessoas se sentem frustradas e desencorajadas com o que a vida lhes proporciona no momento, e anseiam por realização e reconhecimento.

PLANO ESPIRITUAL – Desejos por coisas materiais e um impulso para o sucesso podem ser tão fortes a ponto de bloquear o senso de conexão espiritual dessas pessoas; ou, ao contrário, elas podem sentir-se tão frustradas que as responsabilidades do plano material impedem-nas de alcançar um desenvolvimento espiritual mais elevado. A insegurança relativa aos bens materiais e a necessidade de perfeição costumam provir de uma incapacidade de confiar no fato de que Deus é o nosso provedor; além disso, elas acreditam que a alma sobrevive a esta vida.

A HISTÓRIA QUE VOCÊ GOSTARIA DE CONHECER – Saturno tem muito que ver com a realização, com a permanência, com a estabilidade e com a estrutura. Talvez você queira investigar os objetivos que essas pessoas estabeleceram para si mesmas, e saber onde se sentem à vontade para concretizá-los. É importante verificar quão enraizadas elas se sentem e como lidam com a estrutura ou com a falta de estrutura.

O ciclo de 28 anos de Saturno é dividido em estágios críticos a cada sete anos; portanto, pergunte às pessoas como elas se sentiam ou o que estavam fazendo quando tinham 7, 14, 21 anos e, especialmente, quando tinham 28 anos de idade. A cada vez adiciona-se um período de sete anos. Talvez você deseje saber como essas pessoas lidaram com a exigência de Saturno por uma crescente maturidade e responsabilidade. Além disso, para certificar-se, examine os trânsitos mais importantes e recentes de Saturno, tais como os trânsitos de Saturno pelo Sol, pela Lua e pelo Ascendente ou pelo Meio-do-Céu.

Observe os aspectos de Saturno com o Sol, com a Lua, com o Ascendente e com o Meio-do-Céu no mapa natal, ou verifique o número de aspectos de Saturno para saber se essas pessoas são especialmente suscetíveis aos seus trânsitos. Uma Décima Casa forte ou planetas-chave em Capricórnio podem lhe sugerir algo mais. Ao contrário, um indivíduo com um Saturno comparativamente pouco aspectado pode não ter tanta experiência para lidar com as imposições desse planeta.

DIAGNÓSTICO – Saturno representa um contínuo processo de crescimento e amadurecimento da aptidão para lidarmos com a responsabilidade, o autocontrole, a autoridade e a estrutura. Trata-se do princípio da realidade, no qual temos de chegar a bons termos com as necessidades de viver no plano material – que, em última análise, escolhemos pelo progresso que pode nos proporcionar. O teste consiste em nos mantermos em equilíbrio – lidando de modo coerente com os bens materiais e com o sucesso, sem sermos presos numa armadilha; temos de ser suficientemente responsáveis sem tirar a responsabilidade dos demais; temos de aprender a ser autocontrolados sem nos tornarmos compulsivos a ponto de esquecer de gozar a vida; temos de lidar com nossa própria autoridade e com a dos outros sem nos tornarmos excessivamente autoritários ou demasiado submissos; e temos de estabelecer uma estrutura e uma estabilidade sem nos tornarmos rígidos e inflexíveis.

Dissemos anteriormente que, do ponto de vista homeopático, os sintomas constituem um sinal de que a entidade está tentando se mobilizar e combater a tensão. Muitas vezes, os sintomas vistos nos trânsitos de Saturno – ansiedade, depressão, pessimismo e um repentino acesso de perfeccionismo – podem ser um sinal de que finalmente as pessoas estão assumindo as realidades das quais tentaram escapar durante longo tempo. Elas podem sentir-se desencorajadas ou se autocondenarem durante certo tempo, na medida em que comparam a posição que ocupam com a que gostariam de ocupar; contudo, se o trânsito for usado como um trampolim para a obtenção desses objetivos, nesse caso os sintomas são um sinal da recuperação da saúde. (O capítulo sobre a depressão analisa essa reação com mais profundidade.)

TRATAMENTO – De uma maneira bastante apropriada à regra homeopática da cura dos semelhantes pelos semelhantes, deve ser bem visível que os problemas de Saturno reagem melhor aos remédios saturninos. Estes devem ser: as pessoas dar-se um tempo para avaliação e inventário, no qual planejem seus objetivos e desenvolvam os passos concretos para alcançá-los. Se houver alguma deficiência (por exemplo, na educação), o momento é propício para fazer planos reais no sentido de remediá-la. As pessoas preocupadas com dinheiro devem fazer um orçamento e manter-se rigorosamente dentro dele, calculando de uma forma realística as economias e poupando, mesmo que seja uma pequena quantia por semana. O que quer que preocupe alguém, ou onde quer que essa pessoa se sinta deslocada, os trânsitos de Saturno são o momento mais adequado para se fazer um orçamento, para encarar a realidade, realizar ações concretas, exercer o autocontrole rumo a um objetivo. (Mais sugestões serão dadas na parte que trata dos problemas de cura relativos a Saturno.)

Os Trânsitos de Urano

PLANOS FÍSICO/MATERIAL – Quando as casas do Mapa que se referem à saúde – a Primeira, a Sexta e a Décima Segunda – estão envolvidas, os trânsitos de Urano tendem a produzir hipertensão arterial ou outros problemas circulatórios; as pessoas também podem tornar-se propensas a sofrer acidentes na medida em que, com rebeldia, desconsideram as normas de segurança. (Veja a seção sobre Urano e os acidentes, a fim de verificar sugestões de prevenção.) No plano material, Urano emite sinais semelhantes a trovões, de natureza inesperada – "Charlie Conservador" larga um emprego seguro e bem pago, e entra para a contracultura; o casamento aparentemente perfeito se desfaz do dia para a noite; ou o capitão do time de futebol anuncia que é *gay*.

PLANO MENTAL – As pessoas começam a ter novas idéias espantosas – algumas politicamente radicais, outras socialmente não convencionais e outras ainda simplesmente excêntricas. Uma característica de obstinação muitas vezes faz parte do raciocínio – a opinião dos outros não vale nada, pois, afinal, as próprias estão anos adiante do tempo e ... oh ... são tão sábias! Essas pessoas não costumam reconhecer nenhuma autoridade exceto a própria. Tomam decisões repentinas e capazes de provocar abalos.

PLANO EMOCIONAL – As pessoas ficam irrequietas, excitáveis e até mesmo explosivas. Agora que descobriram o que querem, elas querem "para ontem". Com muita freqüência há uma disposição de ânimo voluntariosa, rebelde e contraditória. . . Se o chefe quer algo feito de certo modo, elas se inclinam a fazê-lo do modo exatamente oposto, talvez por despeito. A necessidade de se conformar ou de fazer o que se espera na sociedade ou o que as autoridades esperam acarreta grande dose de tensão, que muitas vezes se manifesta através de atos impulsivos de rebeldia.

PLANO ESPIRITUAL – Neste período, nenhuma religião tradicional será capaz de refrear as pessoas. Elas saem para seus próprios caminhos individuais, muitas vezes estranhos. As pessoas sob esta influência estão de tal modo convictas de que somente elas e mais ninguém conhece a verdade, que começam a procurar a quem converter. Se você não concordar com as idéias delas, será um inimigo ou – pior ainda – um ignorante.

HISTÓRIA – Você há de querer saber como essas pessoas se comportaram no passado sob trânsitos de Urano, em especial aqueles pelo Sol, pela Lua, pelos Ascendentes e pelo Meio-do-Céu.

Você deve observar com maior cuidado os trânsitos críticos de Urano ocorridos nos últimos anos. A adolescência é um período uraniano; portanto será interessante indagar se esse foi um período conturbado. Sobretudo jovens rebeldes que se estabelecem como adultos conservadores e conformados podem ser propensos a mudanças radicais sob os principais trânsitos de Urano. Especificamente, o período entre os 38 e os 40 anos, quando Urano faz uma oposição (ângulo de 180 graus) com a posição do Urano natal, pode muitas vezes representar uma segunda adolescência, ocasião em que muitos dos mesmos assuntos são reativados. Consideraremos essas idades com maior detalhamento no capítulo intitulado "O adolescente, o eterno adolescente e o quarentão".

As pessoas com aspectos entre Urano e o Sol, a Lua, o Ascendente, o Meio-do-Céu, ou as que têm muitos aspectos com o Urano natal no mapa astral podem ser especialmente suscetíveis aos trânsitos de Urano. Da mesma forma, posicionamentos cruciais em Aquário aumentarão sua suscetibilidade. Ao contrário, as que têm Urano fraco ou destituído de aspectos e nada no signo de Aquário podem passar por momentos difíceis ao lidar com os trânsitos de Urano, pois não estão familiarizadas com o não-conformismo e com a expressão de sua individualidade.

DIAGNÓSTICO – Urano representa os processos de individuação – isto é, romper com os laços confortáveis, porém limitadores, do útero familiar, da cidade natal ou da sociedade convencional, tornando-nos o que somos de fato. Trata-se do processo de buscar nossa verdadeira personalidade, independentemente do que os pais, os amigos e a sociedade pensam que devemos ser. Diante da enorme pressão para nos conformarmos, suprimimos nossa verdadeira personalidade às custas do nosso bem-estar, pagando caro por isso. Quanto mais surpreendentes e aparentemente não caracterizados forem os sintomas durante um trânsito de Urano, mais reprimido foi o verdadeiro *Self*. Um comportamento impulsivo e rebelde não representa o verdadeiro *Self*, mas sim o ponto até onde as pessoas sentem que devem chegar a fim de estabelecer seus direitos. Muitas vezes nos excedemos ao tentar estabelecer novos padrões, mas por fim acabamos adotando um modo de ser mais tranqüilo, confortável e liberado.

TRATAMENTO – Tendo sempre em mente a regra da cura dos semelhantes pelos semelhantes, os abalos uranianos na nossa vida podem tornar-se menos chocantes através dos sistemas de apoio uranianos. Por exemplo, Urano rege a Astrologia e uma interpretação feita por um bom astrólogo pode nos ajudar a estabelecer um contato maior com quem realmente somos, livres das definições da sociedade. Através da Astrologia, temos condições de prever os trânsitos de Urano e fazer planos para quando eles ocorrerem, programando férias ou tirando uma licença no trabalho, e economizando dinheiro de forma a ter liberdade para explorar novos aspectos da nossa personalidade. É provável que a liberdade torne menos intensas a agitação e a rebeldia. Os grupos, as organizações e as amizades também são uranianas, e podemos nos envolver conscientemente com pessoas e grupos que ajudem a desenvolver partes novas da nossa identidade. Muitas vezes, é mais cômodo e intelectualmente estimulante fazer isso pesquisando o assunto com pessoas que tenham pontos de vista semelhantes.

Os Trânsitos de Netuno

PLANOS FÍSICO/MATERIAL – Quando as casas do mapa que se referem à saúde – a Primeira, a Sexta e a Décima Segunda – estão envolvidas, a pessoa pode estar em estado de letargia ou de debilidade, com tendência para estranhas e nebulosas queixas que médico nenhum consegue diagnosticar. O plano material? Até onde se refere à pessoa sob influência de Netuno, ele é imaterial. O indivíduo está ocupado construindo castelos no ar, e depois mudando-se integralmente para eles. Talvez seja mesmo bom ele se mudar, pois deixou de pagar o aluguel durante meses. Ele é espiritual demais para tudo isso. . . ou está enfronhado demais com a sua música, a sua arte, a sua dose de bebida ou com o seu próprio umbigo.

PLANOS MENTAL/EMOCIONAL/ESPIRITUAL – Apesar de tentar, não posso separar essas três séries de sintomas quando se trata de netunianos. . . nem eles podem separá-los para mim! São tudo o mesmo. . . tudo é tudo. . . e é de fato uma pena que eles não consigam nos comunicar as descobertas maravilhosamente profundas que estão fazendo. Na verdade, às vezes nem sequer conseguem se comunicar com você, mero mortal de carne e osso preso à Terra. Eles estão confusos, seu raciocínio é subjetivo, emocional e nebuloso. Tendem a se iludir consigo mesmos e com os demais, enxergando apenas o que desejam ver.

Em termos emocionais, trata-se de pessoas que parecem ser um caso terminal de blague. Estão desiludidas com tudo o que existe no plano material; entrariam num avião e deixariam tudo para trás, se apenas soubessem para onde desejam ir ou o que querem fazer. Mas, já que não sabem, não há nada que valha a pena fazer, exceto sentar-se e freqüentar mais uma reunião.

HISTÓRIA – Netuno se relaciona com os vários modos de transcendência do *Self*, tais como a esquizofrenia, o abuso de bebidas alcoólicas, drogas inofensivas e letais – no lado negativo – e criatividade, serviços prestados à humanidade, e dedicação à espiritualidade – no lado positivo. Você precisa perguntar com gentileza (esses netunianos são hipersensíveis!) se os aspectos negativos de Netuno têm sido um problema e, se este for o caso, que meios essas pessoas usaram para superá-los. Talvez você também deseje descobrir quais os sentimentos das pessoas com relação aos lados positivos de Netuno e o grau em que estiveram dispostos a participar deles. Para diagnosticar suscetibilidade, preste bastante atenção aos recentes trânsitos de Netuno, e aos aspectos do Netuno natal com o Sol, com a Lua, com o Meio-do-Céu ou com o Ascendente. Além disso, verifique os aspectos de Netuno no horóscopo natal com esses quatro pontos, a fim de verificar se a pessoa pode ser considerada netuniana. Uma Décima Segunda Casa forte, ou planetas-chave em Peixes, também tornam as pessoas netunianas.

DIAGNÓSTICO – Netuno tem uma qualidade infinita – as pessoas, com sua pequenez e desamparo, se agarram à eternidade e à totalidade do universo. Algumas fazem isso tentando anular a si mesmas, escapar à realidade da vida, com ou sem a ajuda de drogas. Outras fazem isso identificando-se com pessoas ainda mais desamparadas do que elas, ajudando-as a resolver seus problemas. Por fim, há também aquelas que fazem isso partilhando de algo ainda maior do que elas mesmas – uma causa ou uma fé de algum tipo. No geral, a participação espiritual parece ser o modo mais sadio de lidar com essa compreensão da nossa mortalidade. É necessário desenvolver um equilíbrio entre os mundos material e espiritual, visto que pessoas religiosas podem chegar a um ponto de desequilíbrio capaz de levá-las ao fanatismo. (Na verdade, suspeito que qualquer "ISMO" é uma forma netuniana de desequilíbrio.) O capítulo do segundo livro, *When Does Psychic Become Psychiatric?* – examina este tópico com maior profundidade.

Seja qual for o rumo assumido por esta luta, trata-se de uma tentativa de lidar com nossa finitude. Temos de nos preocupar apenas em saber se o caminho ajuda as pessoas a obterem realização e, em última análise, se há um caminho melhor para lidar com o mundo real. Sintomas de um Netuno negativo – escapismo de qualquer tipo e dependência séria de drogas ou do álcool – indubitavelmente nada mais são do que modos errôneos de alcançar o lado positivo de Netuno, que é a união com o Todo... com Deus e com nossos semelhantes.

TRATAMENTO – No segundo livro serão dadas sugestões mais profundas em cada um dos capítulos sobre Netuno. Em nenhum lugar, a regra da cura dos semelhantes pelos semelhantes foi demonstrada com tanta clareza como com os problemas de Netuno. O sucesso dos Alcoólatras Anônimos e de outros grupos semelhantes de auto-ajuda está fundamentado no seguinte princípio: um alcoólatra (um jogador, um viciado em drogas ou seja lá no que for) ouve, identifica-se com, e ajuda outra pessoa viciada. A abordagem alopática raramente funciona; quando um abstêmio tenta ajudar, os alcoólatras se refugiam em outras defesas netunianas, tais como a evasão, o disfarce, o desânimo, e demonstram uma submissão que nada significa.

Outro princípio dos Alcoólatras Anônimos e de seus participantes é o fato de admitirem que se sentem totalmente desamparados diante do vício e a disposição de entregarem sua vida e vontade totalmente nas mãos de Deus, cada qual segundo a idéia que faz dele. Embora possa parecer paradoxal, essa admissão de impotência é a única maneira de os alcoólatras conseguirem largar o vício. No entanto, isso lembra a cura pelos semelhantes – admitindo-se que o total desamparo de certa forma mobiliza a capacidade das pessoas reagirem contra esse mesmo desamparo. Trata-se de um mistério – porém, quase tudo o que se refere a Netuno é misterioso!

Os Trânsitos de Plutão

Uma vez que no meu livro *Healing Pluto Problems* não levei em conta uma abordagem através da Homeopatia, vou fazer isso agora.

PLANOS FÍSICO/MATERIAL – Quando as casas que se referem à saúde – a Primeira, a Sexta e a Décima Segunda – estão envolvidas, é possível que algumas doenças graves, ocultas em segundo plano se manifestem e que se tornem agora visíveis. Neste caso, lembre-se acima de tudo de que sintomas são uma indicação da recuperação da saúde. Se ocorrer uma doença, o motivo é o fato de que necessitamos da cura e precisamos passar por um período em que nos seja possível reconstruir nossos planos mental, emocional e espiritual, além do físico. Nos níveis material e exterior, podem ocorrer profundas mudanças de objetivos, de comportamento e de orientação de vida, durante um período de cerca de dois anos em que tendemos a nos envolver em longos períodos de isolamento.

PLANO MENTAL – Os indivíduos tendem a se tornar bastante introvertidos, um estado que pode parecer alarmante para os observadores de fora. Tais indivíduos costumam ficar ruminando obsessivamente sobre o passado, remoendo repetidas vezes, e com grande amargura, velhas mágoas e erros. Às vezes, os pensamentos tendem a ser paranóicos. Na medida em que o tempo passa, o raciocínio obsessivo torna-se mais analítico e a pessoa pode obter razoável discernimento, sobretudo no caso de se submeter a terapia ou de ler livros sobre psicologia.

PLANO EMOCIONAL – Sob trânsitos de Plutão, as pessoas passam a sentir emoções relativas a experiências passadas que não sentiram na ocasião, chegando mesmo a retroceder até o período da infância. Podem estar lidando com sentimentos comuns de amargura e de ressentimento. Emoções relativas a eventos passados tendem a ser intensas, extremadas e muito dolorosas. Ainda que os que não fazem parte desse grupo possam achar esse torvelinho emocional um sintoma de doença, quem está atravessando a crise na verdade vem recuperando a saúde. A catarse associada aos *insights* analíticos remove do caminho as velhas emoções intoxicantes, de tal maneira que as pessoas podem viver num nível mais saudável.

PLANO ESPIRITUAL – No nível espiritual, as pessoas muitas vezes passam por uma morte e um renascimento. Elas podem estar muito amarguradas com algum acontecimento (por exemplo, a perda de um ente querido), que as levou a uma crise de fé – "se houvesse um Deus, Ele não permitiria que isso acontecesse." Para os que estão passando por esse estágio, Deus está morto. Em todos os casos, a não ser no do ateu mais convicto, o Deus que morreu é o do Velho Testamento, aquele que isenta de culpa e distribui recompensas, sobretudo no que se refere ao sexo. (O todo-poderoso vingador do Velho Testamento é uma criação peculiar de Plutão/Escorpião.) Assim que o Deus vingador morrer, as pessoas podem renascer em sua espiritualidade, tornando-se responsáveis pela descoberta de seu próprio senso de certo e errado. Junto com isso, surge um novo relacionamento com Deus.

HISTÓRIA E DIAGNÓSTICO – Observe a força do Plutão natal e os recentes trânsitos de Plutão que tornaram as pessoas sensíveis a estes últimos. Verifique o grau de capacidade de análise e de introspecção dessas pessoas *versus* a quantidade de culpa que projetam nos outros pelas suas dificuldades (extensão da sua paranóia). Se, generalizadamente, exibirem traços plutonianos negativos, tais como isolamento, excesso de autocontrole e vontade de controlar os outros a qualquer custo, além da repressão dos sentimentos no próprio *Self*, esses problemas podem chegar ao auge durante um trânsito de Plutão. Você deve informar-se particularmente se essas pessoas sempre foram autodestrutivas (verifique se há qualquer alusão a alguma tentativa de suicídio), visto que o ódio a si mesmo pode intensificar-se chegando a um nível crítico durante os trânsitos de Plutão por pontos-chave do mapa dessas pessoas. Diante da existência de um histórico desse tipo, pode ter a certeza de que elas fizeram ou estão fazendo uma terapia bem-sucedida.

TRATAMENTO – Sugestões específicas para vários tipos de problemas plutonianos são apresentadas com maiores detalhes no meu livro *Healing Pluto Problems*. Entretanto, algumas abordagens especificamente terapêuticas são o *rebirthing* (renascimento), o aconselhamento para evitar a inquietação e a terapia primária.

Capítulo II

INSTRUMENTOS DE CURA E SUAS CORRESPONDÊNCIAS ASTROLÓGICAS

Este capítulo não pretende ser um curso completo de aprendizado sobre os instrumentos que iremos discutir; ele visa apresentá-los a você, familiarizando-o com eles o suficiente para ver como usá-los em conjunto com a astrologia. A beleza desses instrumentos consiste no fato de que, diferentemente do que acontece no aconselhamento, você poderá usá-los sem ter de voltar à escola para obter um diploma. Na verdade, pode aprender como usá-los com bastante rapidez e começar a testá-los no seu trabalho. É óbvio que participar de grupos de estudo, de cursos ou mesmo a simples leitura de livros da bibliografia que sugeri aprofundarão o seu entendimento. Recomendo que tenha sempre à mão um caderno de anotações para registrar seu procedimento nas diversas circunstâncias, o motivo pelo qual escolheu determinado método e as reações e mudanças que ocorreram. Isso ampliará o seu aprendizado.

É bom ter em mente que não estou oferecendo esses instrumentos como soluções mágicas para problemas relativos aos planetas exteriores. É possível que problemas desse tipo estejam profundamente arraigados, sejam obstinadamente resistentes a mudanças e causem bastante sofrimento. Você pode ter de persistir no uso desses instrumentos de cura por um tempo considerável e se ver obrigado a integrá-los a outras disciplinas mais tradicionais, como a psicoterapia.

Contudo, segundo a minha experiência, eles produzem mais mudança e movimento nesses processos dolorosos do que o uso isolado da terapia tradicional.

A Cor como Força de Cura

A arte da cromoterapia é antiga e suas origens devem ser procuradas no antigo Egito. Os hindus a usaram como parte do seu sistema ayurvédico de medicina. Na Inglaterra, trata-se de uma ajuda bem reconhecida para a cura física. Por exemplo, a luz azul tem sido usada para vitalizar pessoas deprimidas ou para ajudar na redução do peso, como se pode ler com mais detalhes nos livros mencionados na bibliografia. Unicamente nos Estados Unidos, o poderoso Conselho de Medicina insiste em considerar ilegal a cromoterapia, junto com muitos outros instrumentos úteis. Portanto, se de fato você pretende montar uma aparelhagem com luzes coloridas ou com uma mera luz branca e gelatinas de diferentes cores compradas em lojas de artigos para artistas, estará correndo o risco de ser perseguido: por isso mesmo, não estou recomendando que o faça. Não, meu caro leitor, a lei precisa ser obedecida.

Por outro lado, ninguém ainda descobriu uma maneira de persegui-lo pelo que você pensa. Ou pelo que você veste. (Você será perseguido, isso sim, se não estiver vestido.) E as pessoas dedicadas à cura, os psicólogos, e mesmo os industriais estão descobrindo que as cores que se usam ou com as quais se pintam as paredes de casa exercem um efeito poderoso.

Por exemplo, descobriu-se que o azul pode ter um efeito tranqüilizante, enquanto o rosa estimula a cooperação e os sentimentos amorosos. Usaremos a cor azul no capítulo sobre Saturno e o medo.

Nos círculos espiritualistas é comum ouvir falar de luz – envolver-se de luz branca para proteção, ver luzes ao redor de outra pessoa, esperar que alguém veja essa luz. Falar sobre ela é tão popular e quase tão enfadonho como falar sobre "vibrações", mas isto acontece porque as vibrações são reais e assim também a luz. A luz é o mais poderoso instrumento de cura de que dispomos. Se você está intrigado com o que estou dizendo, saiba, não estou falando do tipo de luz que se vê, mas da luz da aura, da luz registrada pela fotografia Kirlian. Essa luz é a fonte da energia vital em tudo, e, como os médicos estão descobrindo, trata-se da mais minúscula partícula do átomo. As pessoas psiquicamente iluminadas percebem essa luz ao redor das pessoas em várias cores que significam o estado emocional e físico do sujeito observado.

Nem todos podem ver a aura, no entanto todos a têm. Portanto, todos também temos a capacidade de trabalhar com a cor áurica. Para muitas pessoas que se dedicaram à meditação, aos grupos de estudo, aos grupos de meditação e que assistem a conferências, trabalhar com a luz branca tornou-se uma prática comum. Além da luz branca, que é boa em todas as situações, há significados e finalidades para cada uma das cores da luz áurica. Seus significados equivalem mais ou menos às interpretações de cores áuricas que você pode ter lido em vários livros sobre desenvolvimento psíquico e cura.

O Sistema dos Chacras e seu Potencial de Cura

Outra abordagem com implicações no trabalho de cura astrológica é o sistema dos chacras, cujos bloqueios correspondem muitas vezes às dificuldades com determinado planeta. Quando você lê sobre ocultismo e espiritualidade, encontra muitas vezes referências ao corpo energético ou aura. As pessoas psiquicamente sintonizadas vêem dentro desse corpo os centros ou chacras um tanto semelhantes a órgãos de energia que regulam a entrada e a saída da força vital. Eles se revelam como rodas ou vórtices rodopiantes de energia e cor. Acontecimentos ou situações traumáticos na vida podem represar esse fluxo de energia, criando bloqueios no relacionamento do indivíduo com o mundo exterior. Restabelecer o equilíbrio e energizar os chacras através de técnicas como as que aprenderemos aqui representa uma forma simples de curar com resultados marcantes, coisa que todos podemos fazer para nos ajudar e aos outros.

Por exemplo, na região do coração físico há um órgão de energia chamado chacra do coração, que rege o fluxo da energia do amor e que parece relacionar-se com o planeta Vênus. Quando o chacra do coração está bloqueado, excessivamente tenso ou danificado, podem ocorrer problemas nos relacionamentos ou uma sensação de carência afetiva. A menos que esse centro vital seja restaurado, é difícil transformar os padrões negativos de relacionamentos associados aos aspectos de Vênus com os planetas exteriores.

Vários teóricos discordam sobre o sistema dos chacras, tanto a respeito do seu número, como a respeito da sua localização e função. Quanto aos chacras principais, entretanto, a concordância é maior. Da mesma forma, há desacordo sobre qual planeta pertence a que chacra. Por exemplo, alguns dizem que o Sol rege o centro do coração (afinal, Leão e o Sol estão ligados, tal como Leão e o coração), ao passo que outros dizem que ele rege o plexo solar. . . uma vez que solar se refere ao Sol. Em vários capítulos sugiro que trabalhe com o chacra ou os chacras cuja função mais se aproxime do aspecto em questão. Para curar dificuldades ligadas a planetas como Saturno, pode ser necessário fortalecer alguns chacras. A Figura 1 mostra algumas ligações sugestivas entre os chacras e os planetas.

O primeiro centro, o chacra raiz (ou básico) está localizado na base da espinha. Bloqueios devido a prematuros ou repetidos eventos traumáticos e desestruturamentos na infância podem resultar numa ligação deficiente com a Terra e no medo de não sobreviver. A Lua, a Quarta Casa ou a Primeira Casa difíceis e os posicionamentos de Saturno podem causar danos a este centro. O segundo centro, ou centro sacro, tem relação com a reprodução e o fluxo da energia sexual; eventos traumáticos costumam criar bloqueios ou ênfase exagerada na sexualidade, além de dificuldades relacionadas com o nosso papel ou sexo. Diferentes localizações são atribuídas ao centro sacro. Alguns o situam duas polegadas abaixo do umbigo, outros dizem que o dos homens fica na região dos testículos. Experiências sexuais negativas ou dificuldades no parto tendem a criar estresse neste centro, tal como a dificuldade em aceitar os papéis e os estereótipos que a nossa cultura destina a homens e mulheres. Visivelmente, este chacra tende a relacionar-se com os planetas Plutão e Marte.

A região do plexo solar, exatamente acima da cintura, contém o terceiro centro. O plexo solar rege a auto-expressão e a vaidade pessoal. Bloqueios podem diminuir a estima e a confiança em si mesmo, ou criar seu oposto defensivo – o egotismo, o narcisismo, bem como o egocentrismo. Aspectos difíceis com o Sol, especialmente dos planetas exteriores, tendem a criar bloqueios nesse setor. Já falamos sobre o quarto chacra, ou chacra do coração, localizado na área do coração. Relacionamentos rompidos de forma traumática muitas vezes deixam feridas no coração, feridas que, enquanto não forem curadas, afetam os relacionamentos subseqüentes e a habilidade de dar e receber amor da família, dos amigos e de outras pessoas. Um chacra gravemente ferido pode afetar os chacras adjacentes, de tal forma, por exemplo, que uma lesão no chacra do coração também pode prejudicar a auto-estima.

O quinto centro, localizado na garganta, governa a expressão verbal ou escrita e as outras formas de comunicação, bem como os empreendimentos financeiros. Obstruções tendem a impedir o livre fluxo da auto-expressão e da prosperidade. O sexto centro ou centro frontal, localizado entre os olhos, tem relação com a clareza mental, com a criatividade e com as habilidades psíquicas. Obstruções nesse centro costumam causar confusão mental, obsessão ou perturbação psíquica. O centro da coroa está situado no alto da cabeça e se relaciona com os estados inspiracionais e meditativos, nos quais se entra em contato com o Divino; obstruções fazem com que nos sintamos fora de sintonia com a espiritualidade, com a conseqüente perda do senso de união com o universo; obstruções também tendem a acarretar experiências e crenças psíquicas espirituais estranhas.

Figura 1: Os chacras e algumas correspondências planetárias

CHACRA RAIZ OU BÁSICO	Problemas com a Lua e Saturno
CHACRA SACRO	Lua e Plutão
CHACRA DO PLEXO SOLAR	Sol
CHACRA DO CORAÇÃO	Vênus
CHACRA DA GARGANTA	Mercúrio e Touro
CHACRA FRONTAL	Júpiter e Urano
CHACRA DA COROA	Netuno e Plutão

(Marte relaciona-se com a energia corporal como um todo.)

O exercício a seguir destina-se a uma limpeza geral dos chacras. Não é bom trabalhar com um chacra excluindo-se os demais, mesmo se determinado chacra parece representar o cerne do seu problema. Às vezes, um chacra é danificado quando usado em excesso como meio de evitar conflitos relativos a centros vizinhos. Por exemplo, uma pessoa cuja auto-estima seja fraca (o plexo solar) pode tentar resolver o problema através da compulsão sexual (centro do sacro ou sexual), valendo-de das conquistas amorosas para defender o ego. Em princípio, o chacra do sacro pode sofrer danos secundários. Os chacras estão tão intimamente ligados assim como acontece com os órgãos do corpo; tensão excessiva num deles tende, via de regra, a gerar tensão em todos. Portanto, é bom fazer uma limpeza geral e energização de forma que todos estejam em equilíbrio antes de tratar de determinada doença com remédios.

Primeiro exercício: o Globo de Fogo para clarear os chacras

1. Usando uma técnica de meditação específica que você já conheça, entre num estado mais profundo de consciência. Ou simplesmente respire fundo e conte até três, repetidas vezes.

2. Imagine que há um globo protetor ao seu redor. Usando a intuição, preencha-o com uma luz de cor determinada. A luz branca sempre é uma boa opção, visto conter todas as outras cores. Lembre-se dos chacras e de sua localização no corpo energético.

3. Comece com o chacra básico e imagine uma bola de fogo de luz colocada nessa posição, dentro da energia. Assopre a bola de fogo de modo que sua chama consuma toda e qualquer área escura em seu caminho. As obstruções serão causadas por dificuldades relativas à instrução básica, a traumas relacionados com o amor dos pais, ou a problemas com a sobrevivência. À medida que se mover para os outros centros, a bola continuará a circular enquanto for preciso.

4. Suba ao chacra do sacro e crie outra bola de fogo que, mais uma vez se incendeie e queime eventuais obstáculos. A intenção será criar um fluxo equilibrado e saudável de energia sexual, criativa e curadora.

5. Desça ao plexo solar e inicie uma bola de fogo. Nessa área, sua incandescência queimará os obstáculos que impedem um equilibrado amor próprio, inclusive as feridas infligidas à auto-estima e os sentimentos de inadequação.

6. Mova-se até o centro do coração e crie uma bola de fogo. Sendo o centro do coração tão crucial e vulnerável, ele poderá precisar de uma repetição da limpeza, na medida em que mágoas cada vez mais profundas venham à tona. Aqui a bola de fogo queimará os obstáculos que o impedem de amar e de ser amado.

7. Em seguida, crie uma bola de fogo no centro da garganta, onde ela queimará os obstáculos à comunicação e também ao livre fluxo de dinheiro.

8. O centro frontal será o próximo; a brasa eliminará barreiras que impedem o livre fluxo da energia criativa e psíquica.

9. Por fim, faça uma bola de fogo na coroa, para limpar os obstáculos à meditação e à inspiração.

10. Torne-se intuitivamente consciente de quais centros ainda mantêm as bolas de fogo a girar, a fim de devotar-lhes um trabalho especial. Faça com que a chama cresça intensamente nessas áreas durante certo tempo, antes de apagá-la e eliminar o globo protetor.

Repita este exercício durante alguns dias até os chacras lhe parecerem limpos. A seguir, faça de novo o processo com as cores indicadas em vários capítulos deste livro – por exemplo, com a cor azul para Saturno e para o medo. Deixe que sua intuição seja o seu guia. Repita periodicamente a limpeza para evitar as sobrecargas emocionais e psíquicas que podem surgir na vida do dia-a-dia.

Um Sistema Solar de Cânticos Destinados à Cura

A meu pedido, um ótimo sensitivo chamado Andrew Ramer serviu de canal para o seguinte sistema há alguns anos. Estes são, ao que parece, cânticos antigos para os planetas, nos quais os sons ativam a parte do nosso campo energético ou consciência que cada planeta representa. Eles têm um forte efeito de cura, especialmente se usados num grupo. Atuam como elementos de equilíbrio para um planeta, de forma que, por exemplo, um Marte muito forte (agressividade, irritabilidade) ou um Marte fraco demais (carência de afirmação e de iniciativa) podem ambos ser equilibrados pelo cântico de Marte. Usando-se toda a série de forma regular como uma meditação, isso pode servir para integrar e equilibrar as energias de todos os planetas. Os cânticos são reproduzidos como figura 2, abaixo.

Figura 2: Os cânticos planetários

Planeta:	Faça quatro vezes:	Encerre com:
CÂNTICO DE ABERTURA	Respire som, ar, vácuo	
SOL:	Oh Hay Yah	Oh
MERCÚRIO:	Oh Hi Ti Nah	Ti Oh
VÊNUS:	Nah Ti Nah	Oh
TERRA/LUA:	Si Idriah	Neh Hah Mah Set
MARTE:	Nayzi Day Hoh Hi Mah	Kah Kah
ASTERÓIDES:	Si Ti Yah Kah	Mah Si Kah*
(Repita o cântico dos asteróides até sentir que conseguiu, em seguida Ai Hey Poh.)		
JÚPITER:	Hi Su Mayo	Ay
SATURNO:	Dah Ti Kah	Oh Ay
QUÍRON:	Kah Si Mah	Kah
URANO:	Nah Mitriah	Nah Simitri
NETUNO:	Oh Myss	Oh
PLUTÃO:	Ti Yah	Ah
CÂNTICO DE ENCERRAMENTO: Respire som, vento, vácuo.		

Neste sistema, o seu corpo é o Sol, o centro do sistema solar, e os planetas estão em órbita ao seu redor. Assim, Mercúrio é um pequeno planeta orbitando bem próximo do seu corpo; Vênus está à distância de um abraço; a Terra e a Lua (juntas neste sistema heliocêntrico) estão à distância da palma estendida de sua mão, e assim

* Este cântico se refere ao cinturão de asteróides como um todo, mais do que a um determinado asteróide.[1]

por diante, até Plutão e Netuno, tão distantes de você que podem estar no aposento ao lado. À medida que percorrer o sistema, observe e retenha tantos detalhes sobre os planetas quanto puder. Por exemplo, lembre-se de que Vênus é tórrida e úmida, que Júpiter é o maior planeta do sistema solar, e que Urano gira em sentido inverso ao dos demais planetas. Nos capítulos dedicados a cada um deles, você aprenderá mais sobre os cânticos específicos e seus usos. Os cânticos são essencialmente fonéticos, o seu som se parece com sua pronúncia, entretanto há uma fita e um livreto sobre eles, disponíveis pelas Edições RKM. O livreto também fornece mais detalhes sobre o sistema e seus vários usos na cura.[2]

Rosários Planetários

Há alguma energia planetária que você gostaria de usar de forma mais construtiva? Algum aspecto do seu mapa lhe causa grandes dificuldades? Há aspecto que preferiria não ter? Ou algum quintil cujo gênio ainda não se manifestou? Você pode dar um presente a si mesmo reforçando ou equilibrando a energia do planeta, ou então curando os efeitos difíceis de um aspecto, extraindo o melhor de ambos os planetas envolvidos de forma que possam fundir-se harmoniosamente.[3]

Uma bela maneira de se autopresentear pode ser com um rosário planetário, um colar ou uma pulseira de contas, representando um ou dois planetas. Aplicando o sistema de cânticos que apresentei, você canta usando as contas. Também pode utilizá-las como um talismã destinado à cura. Se rosários ou terços não satisfizessem alguma necessidade autêntica não teriam sido "descobertos" por tantas religiões em todo o mundo. Cantar um rosário é tranqüilizante; representa uma ação meditativa, altera a consciência e ajuda a recuperar o equilíbrio.

As contas devem ser feitas de material natural, como madeira, cerâmica, vidro ou pedra; o cordão deve ser de material orgânico, como algodão, seda ou couro. Se você tiver tempo para enfiar suas próprias contas, você poderá introduzir nelas vibrações curadoras com uma intensidade ainda maior cantando os cânticos planetários em voz alta à medida que executar o trabalho; também será importante fazer isso em ocasiões astrologicamente favoráveis, como será explicado em vários capítulos. Se quiser, você mesmo poderá fazer as contas: prepare uma massa com farinha e água, aplique uma tinta natural, como suco de beterraba, e asse-a até ficar dura. Não se preocupe com sua durabilidade; não precisará trabalhar com o rosário durante tempo muito prolongado. Talvez prefira guardá-las para um curso de renovação, se perceber que está voltando aos velhos padrões. Se preferir, também poderá fazer colares de material mais caro, como pedra, madeira ou contas de vidro, usando-o continuamente como um amuleto durante certo tempo e cantando sempre que se lembrar.

As cores das contas com as quais vai trabalhar não são as tradicionais, astrologicamente atribuídas aos planetas, nem são as mesmas usadas nas seções de cromoterapia deste livro. Ao que parece, são cores ideais para equilibrar os mencionados planetas. O sistema parece ter uma consistência interior; portanto, trabalhe com ele.

SOL	vermelho-brilhante
MERCÚRIO	púrpura
VÊNUS	verde-claro
LUA	branco
MARTE	preto
ASTERÓIDES	matizadas
JÚPITER	amarelo
SATURNO	marrom
QUÍRON	cinza
URANO	prateado
NETUNO	verde-mar ou menta
PLUTÃO	vidro transparente ou madeira clara

Urano, o planeta das exceções, é uma exceção à regra, pois nesse caso dá-se preferência a materiais feitos pelo homem, tais como contas brilhantes de plástico. Afinal, Urano rege a ciência e os materiais sintéticos. Quando você canta uma conta do rosário para Urano, tenha consciência da sua disparidade. Deixe que o fato de ele ser diferente estimule a sua percepção de que Urano está sempre onde nos desviamos da norma geral.

Se for usar contas apenas para um planeta, talvez porque agindo assim pretenda ampliar a expressão desse planeta, deve enfiar as contas cantando para cada conta do colar a parte principal do cântico; as sílabas de encerramento deverão ser proferidas somente quando tiver terminado todo o rosário.

Talvez seja sua intenção usar as contas para dois planetas que estão em aspecto no seu mapa, a fim de canalizar mais construtivamente a união de suas energias, ou para curar um padrão destrutivo que eles representem. Existe uma forma específica que você deve usar para criar um ritmo de cura. Use duas contas para o planeta mais interior, e uma para o mais exterior. Por exemplo, em se tratando de um rosário Marte/Saturno, você deverá trabalhar com contas negras para Marte e com contas marrons para Saturno, da seguinte forma: duas contas para Marte, uma para Saturno, duas para Marte, uma para Saturno, duas para Marte, uma para Saturno, até atingir o comprimento que deseja. (Por outro lado, em se tratando de um aspecto Marte/Vênus, o padrão será duas contas para Vênus, uma para Marte, pois neste caso Vênus é o planeta mais central.)

O cântico Marte/Saturno seria assim: Nay zi Day Hoh hi Mah, Nay Si Day Ho Hi Mah, Da Ti Kah, repetidas vezes. Mesmo que cante isso para si mesmo, poderá sentir a qualidade "pare/ande" desse aspecto. À medida que for cantando o rosário, você aprenderá uma série de coisas sobre as maneiras pelas quais as energias dos dois planetas atuam em conjunto, e começará a sentir como podem atuar de forma harmoniosa. Esse processo pode ser ampliado se você escrever as palavras-chave para ambos os planetas, do negativo para o positivo, tal como será ensinado em vários capítulos, de maneira que poderá ver as diversas formas pelas quais eles combinam. Por exemplo, um aspecto negativo entre Marte e Saturno representa energia (Marte) comprimida (Saturno), ao passo que um aspecto positivo representa liderança (Marte) responsável (Saturno).

Você pode achar agradável e eficaz colocar uma conta maior ou mais trabalhada de uma das duas cores no centro do rosário, ou em alguns pontos, se o rosário for maior. Enquanto canta intensamente, isso serve para centralizar e condensar a energia. Das duas cores, pegue a que mais lhe agrade ou a que deseja reforçar melhor. Se escolheu o planeta mais central, a conta maior pode representar duas das menores, mas cante duas vezes ao tocá-la. Coloque o número apropriado de contas opostas de ambos os lados da conta maior. (Por exemplo, se a conta de Saturno é a maior no centro, você precisará colocar duas contas de Marte de cada lado dela; mas se a conta de Marte estiver no centro, colocará apenas uma conta para Saturno de cada lado, embora seja preciso cantar duas vezes para a conta de Marte.)

Comece por colocar as energias de cura nas contas antes mesmo de fazer o colar. Segure um punhado de contas na mão e entoe o cântico adequado em voz alta durante um ou dois minutos. Mantenha as contas em recipientes separados. Quanto mais lidar com as contas e cantar com elas à medida que continua fazendo rosários, mais energia de cura as contas captarão. (Uma das razões para usar materiais naturais é que eles retêm melhor a energia.) Quando montar um rosário específico de contas, imagine que está extraindo energia da posição que o planeta ocupa no céu. Entoe o cântico do planeta em voz alta algumas vezes para cada conta até sentir, de certa forma, que a conta está "madura". Enfie-a e passe para a próxima, e a seguinte, até o rosário ter o comprimento desejado. Em seguida, amarre-o e finalize cantando todo o rosário.

Você pode tornar o rosário mais eficaz elaborando-o no tempo astrologicamente apropriado, como quando a Lua está passando sobre um dos planetas em questão. O tempo mais adequado de todos será quando esses dois planetas estiverem formando um aspecto no céu. Para os planetas centrais, cujo movimento é mais rápido, isso pode ocorrer com bastante regularidade; portanto, é possível esperar a ocasião propícia. Para os planetas cujo movimento é mais lento, entretanto, raramente eles podem fazer aspecto um com o outro, e você não pode esperar. Eu fiz um rosário especialmente eficiente de Plutão/Saturno na ocasião em que estavam conjuntos em 1982, mas essa conjunção só acontece a intervalos de 33 anos. (Outros aspectos de Plutão/Saturno acontecem a cada oito anos.) Você também pode fazer o rosário quando um dos planetas no céu estiver fazendo um aspecto com outro do seu mapa. Por exemplo, se você está trabalhando em um aspecto Vênus/Saturno, faça-o quando Vênus em trânsito fizer aspecto com o seu Saturno ou vice-versa.

Cante o rosário completo sempre, não mais do que uma vez por dia durante quantos dias ou semanas achar necessário. Você ficará cada vez mais consciente do modo como este aspecto funciona na sua vida. É possível mesmo que venha a se deparar com situações desse tipo e com maior consciência durante certo tempo, na medida em que seu Self superior lhe fornecer as oportunidades para melhorar a combinação das duas energias. Os rosários, bem como os cânticos, possuem um sutil efeito equilibrador, extraindo no final os efeitos mais positivos da combinação planetária.

Quando se sentir satisfeito ao verificar que o rosário surtiu efeito, deixe-o de lado. Se perceber que o padrão torna a se afirmar, faça um curso de renovação com o rosário. Você pode até dá-lo a outra pessoa que tenha o mesmo aspecto. Quanto mais o rosário for usado, quanto mais pessoas o utilizarem, mais forte ele se tornará. Você PODE fazer um rosário para outra pessoa, desde que escolha dois planetas que também façam algum tipo de aspecto no seu mapa. Caso contrário, simplesmente dê a pessoa as contas e as instruções de como fazê-lo.

Os Remédios Florais

No outono de 1981, ocasião em que tomei conhecimento dos remédios homeopáticos do inglês dr. Edward Bach, um elemento importante veio acrescentar-se ao meu trabalho de cura. Estas fórmulas líquidas destinavam-se a combater problemas emocionais e espirituais específicos, tais como o medo, a culpa, o ressentimento ou uma sensação de inadequação. Denominados de remédios florais do dr. Bach, eles são extraídos de flores, de árvores e de outras plantas; são bastante destilados, como os remédios homeopáticos, além do nível de potência química. Desde que foram desenvolvidos em 1930, têm sido testados clinicamente pelo método do registro cuidadoso de casos. Além disso, vêm sendo realizados estudos de pesquisa, que veremos a seguir.

Os remédios de Bach, ao todo 39, se relacionam com problemas emocionais difíceis e refletem as necessidades de uma época repleta de medo na qual se desenvolveram. O mundo passava por uma grande depressão e o fascismo estava surgindo. Conseqüentemente, há uma boa porção de remédios contra a depressão, com cuidadosas descrições do tipo de depressão a que se destinam. Há remédios para muitos outros padrões emocionais rígidos, difíceis de erradicar apenas com terapia de aconselhamento. Os remédios florais podem ser encontrados prontos, em pequenos vidros do concentrado. Deve-se pingar três gotas desse concentrado num vidro conta-gotas transparente de uma onça, cheio de água da fonte. Pode-se adicionar à diluição da mistura uma colher de chá de conhaque ou vinagre de cidra de maçã, à guisa de conservante. Em geral, a pessoa toma quatro gotas do líquido quatro vezes por dia, sendo a hora mais propícia logo de manhã ao levantar e à noite antes de se deitar.

Para a recuperação de alcoólatras, use vinagre e não conhaque como conservante. Os próprios concentrados já são preservados em conhaque; portanto, no caso de alcoólatras, reduzo a fórmula a uma gota de cada concentrado. Ao que parece, isso não provoca sinais de embriaguez.

Durante os primeiros dias, os remédios podem causar uma exacerbação dos sentimentos que se destinam a curar, apresentando uma espécie de reação que discutiremos mais adiante como sendo a crise de cura. Não que o problema esteja se agravando; você é que está se tornando mais consciente do problema e dos padrões de pensamento subjacentes. A ampliação da consciência, conquanto incômoda, faz parte da cura – em última análise, os pensamentos lhe parecerão tão ridículos e embaraçosos que você se dispõe a mudar. Pode ser que precise tomar alguns frascos da mistura diluída para modificar um hábito longamente entranhado, mas chegará o dia em que descobrirá que o que antes lhe dava medo ou causava depressão veio à tona e que você não reage mais da mesma maneira.

Nos últimos anos, tenho usado os remédios no meu trabalho de aconselhamento e no astrológico, e descobri que eles são inestimáveis. O mapa natal mostra-lhe os traços de personalidade que impedem que a pessoa realize seus objetivos, ao passo que os trânsitos assinalam quais traços autodestruidores costumam receber maior ênfase. Juntos, o mapa natal e os trânsitos me permitem receitar os remédios na ocasião em que psicologicamente eles serão mais eficazes. É frustrante para um cliente obter autoconsciência durante a interpretação do mapa, e, em seguida, não dispor de uma orientação que lhe permita modificar-se.[4]

Em sua tese de doutorado, o dr. Michael Weisglas fez um estudo muito bem fundamentado, destinado a testar a eficácia dos remédios do dr. Bach. Ele quis verificar se estavam funcionando apenas graças à força da fé dos pacientes, como um efeito placebo. Primeiro, procedeu a uma série de testes psicológicos com três grupos de pessoas. A um grupo foi dado um frasco conta-gotas transparente, que nada mais continha do que água da fonte e conhaque – um frasco placebo. O segundo grupo recebeu um frasco idêntico com água da fonte, conhaque e quatro dos concentrados de Bach. O terceiro grupo recebeu a mesma mistura com sete concentrados. Uma vez que os próprios concentrados são conservados em conhaque, todos eles tinham o mesmo sabor e a mesma aparência. Tratou-se de um duplo estudo no escuro; as pessoas que distribuíram os frascos não sabiam se eles continham o placebo ou o remédio.[5]

Os participantes da pesquisa passaram pelo mesmo teste psicológico do ínicio da experiência, depois de tomarem os remédios por três e seis semanas. Os testes demonstraram que o grupo que tomara o placebo não sofrera nenhuma melhora significativa, enquanto os outros dois grupos revelaram importante melhora na autoconsciência, na autoconfiança, no bem-estar, na vitalidade e na criatividade. Por outro lado, o grupo cujos frascos tinham sete concentrados sentiu mais tensão e demonstrou maior tendência para abandonar a pesquisa. Isso sugeriu ao dr. Weisglas que não se pode ministrar mais do que três ou quatro remédios com segurança, sem que o efeito dos mesmos entre em choque.

Além dos remédios do dr. Bach, há uma grande variedade de outros medicamentos desenvolvidos durante os últimos quinze anos, inclusive aqueles feitos de pedras preciosas de maneira semelhante aos feitos com plantas. Tal como a série de remédios do dr. Bach reflete a Era da Depressão em que foi desenvolvida, as novas essências são um reflexo do espírito da humanidade durante os anos 70, caracterizados pelo Movimento do Potencial Humano e pela crescente abertura aos ensinamentos espirituais orientais. Por exemplo, a AMORA SILVESTRE serve para manifestação consciente e para o pensamento criativo, enquanto a UVA-URSINA (*MANZANITA*) é bom para a estabilidade e o GIRASSOL se destina à harmonização do ego com o Eu superior. A utilidade específica deste grupo de essências está em exteriorizar as forças do indivíduo, capitalizando-as nos segmentos positivos, orientados para o crescimento da personalidade. Os remédios de Bach, ao contrário, parecem concentrar-se em eliminar o que for negativo. Ambos são necessários à recuperação emocional, mas é tão relevante concretizar as forças e talentos como é aliviar o sofrimento.

Para maiores informações sobre esses remédios, consulte os livros relacionados na bibliografia junto com os endereços de onde adquirir os remédios. Nos capítulos subseqüentes e no segundo livro descobriremos como os remédios são bons para as várias dificuldades sentidas com os aspectos dos planetas exteriores, com os aspectos no mapa natal e com os trânsitos. Excelentes instrumentos para o astrólogo, é fácil aprender a usar esses remédios e eles permitem que você dê ao cliente algo mais do que discernimento. Sabendo quais trânsitos irão colocar em destaque áreas que os remédios podem abordar de fato, isso dará ao cliente a ocasião de trabalhar com essa dificuldade específica durante os trânsitos.

A Crise da Cura

Algumas vezes, à medida que você analisa uma área da sua vida que gostaria de modificar, o problema parece justamente se agravar. Mas as coisas não estão piorando; você apenas removeu seus antolhos e descobriu que coisas más aconteceram enquanto ignorou o problema. Sua percepção se ampliou, não o problema. Essa explosão, denominada de crise de cura, acontece em muitos trabalhos feitos, desde os de psicoterapia até os trabalhos mais esotéricos. Alguns trânsitos são por si sós uma crise de cura, mesmo que você não se esforce especialmente para trabalhar com os temas que possam surgir. É possível que as emoções que está suprimindo tenham de ser extravasadas a fim de você poder resolver a dificuldade; assim, as coisas tendem a parecer piores durante o processo. Se, por exemplo, andou reprimindo a raiva por um colaborador em seu trabalho durante um longo tempo, o confronto pode ser necessário para desanuviar a atmosfera e modificar a situação.

Como discuti em *Healing Pluto Problems*, essa intensificação temporária de esforços é como se o problema reconhecesse que o seu domínio sobre você está perdendo força e, portanto, renasce tão grande e grave quanto possível, para que você se submeta outra vez a ele. O "QUE" atua dessa maneira não existe à parte mas faz parte do seu ser condicionado a agir automaticamente. Sob alguma ameaça anterior, esse seu modo de agir serviu como um meio legítimo de sobrevivência, mas persistiu e é impropriamente aplicado às novas situações.

A título de experiência, você pode tentar comunicar-se com sua parte netuniana ou uraniana. Por exemplo, pode sentar-se e escrever uma carta que comece com "Querido Urano", perguntando por que você repete um modelo específico nos relacionamentos com pessoas autoritárias. Presuma que, de certo modo, essa parte está tentando protegê-lo ou ajudá-lo, não importa o quanto esse padrão o magoe. Na medida em que escreve, você pode descobrir a resposta, ou ela pode vir-lhe de outra forma, tal como um sonho; mas se está de fato disposto a comunicar-se com ele, você ouvirá a sua resposta.

É importante ter em mente a crise da cura à medida que trabalha com as dificuldades causadas pelos seus planetas exteriores. Os instrumentos que estamos usando bem podem trazer à tona lembranças e emoções indesejáveis. Por exemplo, ao trabalhar com os exercícios do capítulo relativo ao medo, você pode tornar-se consciente de quanto medo você tem. O medo pode advir de fatos que aconteceram no seu passado, e você pode tentar associá-lo a algo que acontece no presente; e isso porque é tão difícil sentir medo das coisas que aconteceram há muito tempo atrás. Não tente racionalizar os sentimentos eliminando-os. Senti-los e descobrir de onde provêm faz parte do processo de eliminação, e o resultado final é que você se livra desse fardo. Evite beber, comer demais, fumar em demasia, ou usar drogas ou tranqüilizantes, pois eles impedirão o processo ou tornarão seu impacto muito fraco. Se não agir impulsivamente com as emoções e nem fizer nada para excluí-las, você passará por elas com mais rapidez e terá uma oportunidade melhor para se curar.

É possível evitar a crise da cura. Acaso seria possível uma cura instantânea? Muito provavelmente não. Seus problemas podem desaparecer num instante se você modificar sua consciência, mas os problemas relativos aos planetas exteriores estão muito entranhados, e não se pode eliminá-los assim com tanta facilidade. A maior parte de nós tira as mãos do fogo antes de se queimar. Mas você PODE optar por não bater com a cabeça contra a parede.

Diferentes Reações

A idéia de "diferentes "reações" dependendo da pessoa" pode ser uma cilada para o astrólogo. Naturalmente, você não usa para um uraniano a mesma abordagem de cura que usaria para um saturnino, e um netuniano não se abalaria com coisas às quais um saturnino reagiria. No meu livro *Healing Pluto Problems*, há um capítulo inteiro dedicado à pesquisa de como os plutonianos reagem às consultas astrológicas e aos esforços de cura. Embora não possamos fazer o mesmo estudo profundo quanto aos tipos saturninos, uranianos e netunianos neste livro, eis aqui alguns princípios gerais.

No trabalho de cura, você precisa estar preparado para o fato de que um saturnino será mais resistente e obstinado no que se refere a este tipo de influência sutil. Pode ser que você tenha de repetir o remédio por alguns meses. Algumas pessoas, tais como os netunianos ou aqueles cujos trânsitos os dispuseram a se submeter à cura, podem sentir imediatamente uma reação ao medicamento. O saturnino com verdadeira tendência a ocultar-se precisa de um tempo maior. Um motivo é o princípio da cristalização, que tanto faz parte do espectro negativo de Saturno como do medo que o saturnino sente de que a mudança destruirá aquela estrutura à qual tão laboriosamente se apega. Outro fator é o pessimismo, o negativismo e a cautela dos saturninos. Se puder levá-los a fazer afirmações que reconheçam esse pensamento negativo, seu trabalho terapêutico progredirá melhor. Um dos aspectos positivos dos saturninos é o fato de que, se você puder convencê-los de que algo dará certo, eles se esforçarão árdua e conscientemente para se curar.

Os uranianos em geral reagem bem aos grupos, sobretudo à variedade de grupos de auto-ajuda, onde podem manter sua independência e não é preciso que ninguém lhes diga o que fazer. Algumas vezes, eles reagem melhor à abordagem paradigmática que, falando claro, é psicologia invertida. ("Qual é a palavra mágica para levar um aquariano a fazer o que você quer? Diga-lhe: Não faça!") De preferência, você deve apelar para o intelecto e para a curiosidade, em vez de apelar para as emoções, mesmo que a incerteza quanto às suas emoções seja uma das principais coisas que um uraniano precisa curar. Se as emoções constituem um problema, você terá de despertar-lhes a curiosidade quanto ao que essa divisão de emoções possa ser. Também pode mostrar-lhes como a sociedade os vêm programando para ignorar seus sentimentos, de forma que possam decidir-se a desafiar a sociedade tendo sentimentos. Se puder fazê-los pensar que a idéia partiu deles, tanto melhor.

Sempre que seu comportamento for considerado anti-social ou "divergente", os uranianos em geral acreditam que se trata de um problema da sociedade e não deles, e acham que a sociedade é que precisa mudar, e não eles; portanto, não há vantagem em dizer-lhes que precisam conformar-se às normas. O mantra deles é "Danemse", quando não conseguem entender uma brincadeira. Eles o entenderão melhor se puder delinear as tendências sociais que fazem parte do seu problema e, até mesmo, se puder fazê-lo de forma autêntica, mostrar-lhes como estão adiantados para a sua época. O envolvimento com a assistência social é uma das melhores terapias para eles; reformar a sociedade é um dos motivos principais para terem se encarnado.

Quanto aos tipos mais esotéricos de cura ensinados neste livro, esqueça-os por enquanto. Você notará que as partes que descrevem Urano contêm muito pouco no que se refere a instrumentos de cura. Com toda probabilidade, os uranianos rirão de você no consultório, se lhes sugerir o uso de luzes invisíveis ou de essências florais, ou cânticos para algum guia espiritual. Esteja preparado para citar suas evidências científicas e, mesmo assim, o frasco de remédios que lhes der criará bolor antes que eles se decidam a experimentá-lo. Proponha-lhes seu uso como parte de uma experiência interessante sobre como o método pode funcionar a despeito de não acreditarem nele. Cite a maneira como o Conselho de Medicina tentou brutalmente eliminar esses métodos alternativos de cura. Entretanto, acima de tudo, não insista, ou eles se revoltarão, com certeza. Mostre-se desinteressado. Afinal, pode ser que tenham razão. Pode ser que o problema SEJA da sociedade.

Por outro lado, os netunianos engolirão quase tudo que você lhes contar. A menos, é claro, que isso entre em contradição com o que o espírito-guia ou o guru deles lhes tiver dito. Escreva as instruções com clareza e com todos os detalhes, pois eles podem esquecê-las ou confundir-se facilmente com elas. Seu problema consiste em levá-los a fazer a terapia por conta própria; caso contrário, você pode acabar se transformando no seu próximo guru, recebendo telefonemas histéricos a qualquer hora da noite. Se alguma das facetas da sua personalidade está tentada a tornar-se o Salvador, o netuniano é feito sob medida para você – uma combinação composta de céu e inferno. Se este for o caso, você é que pode precisar de tomar o que chamo de Remédio da Salvação – para distingui-lo do remédio salvador. É composto de CASTANHA VERMELHA, para amor maternal excessivo, de CENTÁUREA, para os que permitem que os outros levem vantagem sobre si, de CHICÓRIA, para os que querem melhorar os outros, e de PINHO, para excesso de culpa e para o fato de culpar-se pelos erros alheios.

Outro aspecto do caráter netuniano de que é preciso conscientizar-se é do lado viciado da sua personalidade. Se eles estiverem abusando de alguma substância, quer se trate de bebidas alcoólicas, de drogas ou mesmo de comida, o trabalho que fizerem em conjunto será afetado na medida em que tais coisas bloqueiam os sentimentos e suprimem o efeito de cura. Faça-lhes perguntas bastante específicas no que se refere a hábitos. Se lhe disserem que não bebem tanto assim, pergunte-lhes quantas cervejas ou drinques bebem por dia e se essa quantidade aumenta durante os finais de semana. Se lhe contarem que só usam drogas para efeitos recreativos, descubra a freqüência com que se dedicam a essas diversões. Muitas vezes, o conceito de diversão deles difere bastante do seu ou do meu. Lembre-se, também, de que netunianos com personalidades viciosas podem mentir com bastante convicção quanto aos seus hábitos, sobretudo porque mentem para si mesmos. Negar o vício é uma poderosa defesa no desenvolvimento do mesmo. É melhor não trabalhar com pessoas ativamente viciadas, a menos que elas concordem em participar de um programa que trate desse vício, assim como os Alcoólatras Anônimos, ou que aceitem as facilidades de tratamento propostas.

A Necessidade do Uso Responsável dos Instrumentos de Cura

Agora que tem uma idéia geral dos instrumentos de cura que estaremos usando, é importante ter cautela ao usá-los. Cada um desses instrumentos é eficiente; a combinação de alguns deles torna-os mais fortes ainda. Portanto, é importante que você os use dosada e cautelosamente, trabalhando devagar, a fim de testar a sensibilidade da pessoa a cada instrumento. Algumas pessoas, por exemplo, são tão sensíveis aos remédios florais que logo têm reações fortes e tendência a manifestar as crises de cura, ao passo que outros levam um tempo considerável para obter uma melhora mínima. As cores também podem catalisar reações fortes, e certas pessoas terão uma catarse difícil com algumas cores, enquanto outras cores lhes serão perfeitamente agradáveis. A reação de cada indivíduo a cada instrumento tem de ser monitorada de perto. Isso requer disposição de sua parte para observar as reações e verificar os resultados de cada coisa que recomendar.

Também é necessário levar em consideração a pessoa como um todo, e o mapa astrológico é um excelente instrumento para isso. Pessoas com muitos aspectos desarmônicos com Saturno, por exemplo, têm grande necessidade de eliminar o medo e, portanto, pode-se esperar que tenham grande sensibilidade à cor azul e aos remédios florais para a cura do medo. Se a catarse tiver iniciado, é provável que sintam extrema ansiedade quanto ao que está acontecendo. . . ficando com medo de ter medo. Conheça o paciente com quem está lidando e saiba qual é a parte do mapa que no momento está sob pressão devido aos trânsitos. (Na minha opinião, os curadores, os terapeutas e os que trabalham com cura sem ter a astrologia à disposição, levam alguma desvantagem; contudo, que outro ponto de vista se esperaria de uma astróloga?)

Mesmo com esse grau e extensão de conhecimento a respeito da pessoa, ainda é preciso agir com cautela; portanto, nem preciso dizer que prescrever instrumentos de cura casuais é uma irresponsabilidade. Por exemplo, há gente demais sem nenhuma formação e experiência formais em herboristeria, em anatomia, em química, em patologia – ou até mesmo, em botânica – disposta a lhe dizer quais ervas você deve usar, baseando-se numa simples conversa com você. . . Isso sem mencionar a vizinha que lhe recomenda as pílulas que o médico lhe receitou no ano anterior quando acusou alguns sintomas semelhantes aos seus. Deve-se tomar o mesmo cuidado com a luz, a cor, os remédios vibratórios ou com quaisquer outros intrumentos de cura debatidos neste livro.

Livros Recomendados sobre Cura

Livros sobre remédios florais

Dr. Edward Bach e dr. F. J. Wheeler, *The Bach Flower Remedies* (Os remédios florais do dr. Bach), New Canaan, CT: Keats Health Books, 1979. (Publicado em UK por C. W. Daniel, Ltd., Saffron, Walden.)

Trata-se das descrições originais dos remédios e de suas finalidades feitas pelo homem que os desenvolveu. Não é tão compreensível ou fácil de entender como o livro de Chancellor, mas é considerado a Bíblia sobre esses remédios.

Dr. Phillip Chancellor, *Handbook of the Bach Flower Remedies* New Canaan, CT: Keats Health Books, 1971. (Publicado em UK por C. W. Daniel Ltd., Saffron, Walden.) Manual ilustrado dos remédios florais do Dr. Bach, Ed. Pensamento, S. Paulo, 1991.

Sem dúvida, o melhor livro sobre os remédios florais do dr. Bach. Contém as descrições de cada um dos remédios, com sua finalidade e os traços de personalidade que se destinam a curar. Há casos exemplificativos sobre cada remédio, incluindo-se as curas que as pessoas obtiveram assim que foram eliminadas as dificuldades emocionais subjacentes.

Peter Damian. *The Twelve Healers of the Zodiac*. York Beach, ME; Samuel Weiser, Inc., 1986. *A astrologia e os remédios florais do Dr. Bach* – Os doze remédios do zodíaco, Ed. Pensamento, S. Paulo, 1990.

Um tratamento com as essências florais e suas correspondências astrológicas. Tenho uma única queixa a fazer sobre este livro: não foi escrito por mim!

Gurudas. *Flower Essences and Vibrational Healing* (Essências florais e cura por vibrações). Albuquerque, N. M.; Brotherhood of Life, 1983.

Um livro sobre várias essências florais com coisas bastante interessantes sobre as correspondências entre a forma das plantas e suas finalidades curativas.

Gurudas. *Gem Elixirs and Vibrational Healing. Vol. I and II*. (Elixir com gemas e cura através de vibrações, em dois volumes) San Rafael, CA: Cassandra Press, 1985 e 1986.

Um trabalho definitivo em dois volumes sobre o uso de elixires de pedras preciosas, semelhantes em sua derivação às essências florais, mas fundamentados em pedras que curam.

Livros metafísicos

Adelaide Bry. *Visualization: Directing The Movies of Your Mind*. Visualização: como dirigir os movimentos da sua mente). New York: Barnes e Noble, 1979.

Um livro bem escrito e simples sobre como criar e usar a visualização para alcançar os seus objetivos.

Shakti Gawain. *Creative Visualization*. Mill Walley, Califórnia: Whatever Publishing, 1978. *Visualização criativa*, Ed. Pensamento, S. Paulo, 1990.

Um dos melhores livros do tipo "faça você mesmo" usando visualizações para auto-ajuda.

Outros tópicos relacionados com cura

Linda Clark. *The Ancient Art of Color Therapy* (A antiga arte da cromoterapia), New York: Pocket Books, 1975.

Uma excelente brochura sobre a cromoterapia como é praticada em outros países. Focaliza mais os efeitos físicos e emocionais da verdadeira luz e cor, em vez de se concentrar nas cores áuricas com as quais estamos trabalhando aqui; entretanto, os dois métodos reforçam um ao outro.

Amy Wallace e Bill Henkin. *The Psychic Healing Book* (O livro psíquico sobre cura). Berkeley, CA: Wingbow Press, 1981.

Um manual em linguagem simples sobre cura psíquica, em especial sobre técnicas de instrução elementar e proteção. O melhor manual do tipo, muito acessível. Sensível e prático.

NOTAS

1. Donna Cunningham e Andrew Ramer, *A Solar System of Healing Chants* (Um sistema solar de cânticos de cura), Euclid, OH: RKM Publishing, 1982.
2. Pedidos para RKM Publishing, Box 23042, Euclid, OH, 44123. $ 10.95 mais $ 1 para

despesas postais. Pode requerer também um catálogo de suas excelentes fitas por muitos dos mais famosos astrólogos do país.

3. Esta seção é uma reimpressão do livreto de Donna Cunningham e Andrew Ramer, *A Solar System of Healing Chants*.

4. Gravei uma fita explicando os remédios e como usá-los no trabalho astrológico tanto com mapas natais como com trânsitos. Pode ser encontrado na RKM Enterprises, Box 23042, Euclid, OH, 44123, por $ 7.95 mais $ 1 para despesas postais.

5. Michael Weisglas, Ph.D. "Bach Flower Essence Research: A Scientific Study" no *The Flower Essence Journal*, Vol. 1:1 (1980), 11-14.

Capítulo III

A ESSÊNCIA DE SATURNO

Na astrologia tradicional, a boa fama de Júpiter só é vencida pela má reputação de Saturno. Na minha opinião, ambas devem ser aceitas com restrições. Como Saturno pode ser tão mau, se usa um halo? Na verdade, o desenvolvimento de traços saturninos positivos em nosso caráter – tais como o autocontrole, a perseverança, a eliminação de frivolidades, a estabilidade e a confiabilidade – permitenos realizar algo de duradouro em nossa vida.

O Espectro de Saturno

A essência dos planetas é neutra porque são várias as expressões da energia planetária. Os traços negativos são exatamente os traços positivos levados ao extremo. A maioria dos traços saturninos, como a maioria dos traços de todos os planetas, é positiva enquanto não atingir o exagero. A estabilidade de Saturno é maravilhosa enquanto não se torna rígida demais. A ambição de atingir um objetivo é ótima enquanto você não a levar ao ponto da desumanidade. Ser organizado é muito bom, enquanto não se chega ao extremo da obsessão neurótica – fazendo lista das listas e ficando ansioso por não realizar tudo o que está nelas ou aborrecendo-se quando alguém perturba a sua agenda. Ser responsável e consciente é ótimo enquanto não se chega ao extremo de ser acossado pela culpa. Realismo e cautela estão corretos enquanto não forem exacerbados a ponto de a pessoa tornar-se tímida, pessimista e receosa de tentar algo novo. Caracterizo essa dicotomia como Saturno *Plus* e Saturno *Minus*.

Saturno Plus se Endurece em Saturno Minus:

Perfeccionismo	torna-se	desejo de qualidade.
Altos padrões	torna-se	exigências irreais.
Estruturação	torna-se	rigidez, inflexibilidade.
Senso de dever e confiabilidade	torna-se	sensação de culpa.
Cautela	torna-se	timidez, temor.
Realismo	torna-se	cinismo, pessimismo.
Ambição	torna-se	impiedade.
Estabilidade	torna-se	inércia.
Organização	torna-se	compulsividade.

Saturno surge de duas formas – razoável e irrazoável. O Saturno irrazoável é o superego rígido exigindo perfeição, um demônio interior que chicoteia você e o impele para a frente. Compara-o constantemente com as outras pessoas e você acha que lhe faltam qualidades. Pessoas com aspectos de Saturno com pontos pessoais (o Sol, a Lua, o Ascendente ou o Meio-do-Céu) ou com pontos pessoais ou vários planetas em Capricórnio tendem especialmente para esse tipo de Saturno irrazoável.

O Saturno razoável, um aliado em seu impulso rumo ao autodomínio e à auto-realização, diz: "Quero conseguir isso; portanto, deixe que me instale e faça os planos de como obtê-lo. Deixe-me pensar em como tornar este objetivo uma realidade. Deixe-me ver como posso fragmentá-la em partes razoáveis, de forma a alcançar o topo da montanha. O que preciso na minha bagagem e o que posso deixar para trás?" Quando se usa Saturno desta maneira, ele dá uma influência útil. Ele representa a estrutura e o autocontrole. Ter padrões e exigir de você mesmo excelência é ótimo; se você nunca afrouxar, pode tornar-se autodestrutivo.

Saturno e a Rigidez

Saturno rege os cristais e a cristalização, as estruturas que se condensam em formas. No corpo humano, ele rege o sistema ósseo e a pele; sem ele seríamos como águas-vivas. Na nossa vida, ele representa a estrutura de que necessitamos até certo ponto, mas também a nossa tendência a nos estabelecermos na vida ou cristalizarmos em padrões estabelecidos. Nosso mecanismo de defesa e nossos modos de lidar com situações repetidas tendem a nos tornar rígidos. Se não pudermos nos adaptar, há um efeito "dinossauro" em que continuamos a nos comportar de modos que certa vez surtiram efeito mas que não servem mais às nossas necessidades atuais. Com árduo trabalho saturnino, você pode obter sucesso; mas, se não for flexível, não será bem sucedido, dada a rapidez com que o nosso mundo muda atualmente. Artistas que se dedicam a representar um único tipo de personagem limitam o próprio sucesso; o mesmo acontece com profissionais e homens de negócio.

Os padrões de Saturno são fixados bem cedo, com certeza pela primeira quadratura de Saturno com a posição que ele ocupa no mapa natal quando a pessoa tem sete anos. Os mecanismos necessários na infância para ser bem sucedido na família, se copiados agora não serão de nenhuma utilidade no mundo real. Por exemplo, como veremos mais adiante, pessoas com aspectos entre Vênus e Saturno têm de agir de certo modo a fim de que seus pais as amem, mas esses comportamentos não lhes trarão necessariamente o amor no mundo exterior.

Os que têm aspectos de Saturno com os pontos pessoais (o Sol, a Lua, o Ascendente e o Meio-do-Céu) muitas vezes precisam ser muito saturninos quando crianças, isto é, muito sérios e responsáveis. Essas pessoas tendem a cristalizar-se cedo demais, e num nível imaturo. Os ciclos de Saturno representam o processo de amadurecimento, e, no entanto, paradoxalmente, nossas posições de Saturno tendem a revelar o ponto em que somos mais imaturos – onde a maturidade foi sacrificada em nome do dever. Nenhuma criança de 7 anos pode ser um adulto bem-sucedido; portanto, as crianças com essa idade que tiveram de assumir responsabilidades de pessoa adulta tendem a enregelar-se nesse nível no desenvolvimento de tarefas importantes, tais como as habilidades sociais. Onde Saturno estiver, o revestimento da maturidade deve estar presente, mas por baixo há uma criança medrosa, que se sente sufocada e inadequada para lidar com essas exigências impossíveis. Mesmo na idade adulta, podemos permanecer estagnados no setor em que temos Saturno, na medida em que temos tanto medo do fracasso que opomos rígidas defesas que nos impedem de crescer.

O grau do Saturno natal pode nos dar indicações do momento em que essa cristalização ocorreu, enquanto a Casa, o Signo e os aspectos desarmônicos com outros planetas podem nos mostrar a área exata da vida em que ela ocorreu e a razão disso. Um homem com Saturno a 16 graus de Escorpião na Décima Casa teve de assumir uma grande quota de responsabilidade quando estava com 16 anos de idade, porque seu pai morreu de alcoolismo. Houve muito ressentimento com esse fardo, que incluiu a obtenção de um emprego e o trabalho depois do horário escolar. Como adulto, ele teve atritos com os patrões, e uma tendência a ser desdenhosamente irresponsável no trabalho.

É desnecessário dizer que isso limitou o seu sucesso na vida, mas, com o retorno do seu Saturno, ele começou a observar com seriedade os efeitos da morte do pai e do seu próprio rancor não-resolvido. Teve a capacidade de aceitar a responsabilidade pelo papel que representou na luta pelo poder contra os patrões e pelo ressentimento alimentado durante tanto tempo por ter sido forçado a ser um adulto antes do momento certo. Se você ou um cliente estiver sofrendo com obstáculos colocados em áreas saturninas de sua vida, talvez uma análise semelhante possa ajudá-lo a identificar de onde provém o bloqueio. Os vários instrumentos de cura mencionados em outros capítulos podem ajudá-lo a identificar uma estratégia para trabalhar abrindo caminho através dessa barreira.

Trata-se do Tempo

Com meu próprio aspecto entre Vênus e Saturno, muitas vezes tenho momentos felizes em que sei exatamente quando aproveitar as oportunidades. À medida que fui envelhecendo, senti cada vez mais a perfeição do ajuste do tempo na minha vida e na vida dos outros. Toda sincronização é perfeita; a nossa percepção, o nosso entendimento do fato é que é imperfeito, o que causa frustração. No entanto, os mestres espirituais dizem que o tempo é uma ilusão e que ele representa a tentativa de a nossa mente consciente criar uma estrutura e uma ordem para a nossa experiência. Alguns dizem até que nossas vidas acontecem simultaneamente num Eterno Presente.

Na nossa cultura orientada para a juventude, todos crescemos tendo um descabido medo de envelhecer. Portanto, os trânsitos e ciclos de Saturno, que trazem uma percepção cada vez maior da passagem do tempo, são muito mais difíceis para nós do que deveriam ser, por certo muito mais difíceis do que em culturas e eras em que se apreciavam a sabedoria e a experiência proporcionadas pela idade.

O Significado da Demora – Tudo Acontece no Momento Exato

Constantemente, nos julgamos segundo padrões perfeccionistas de produção, deixando de ver a sabedoria dos nossos aparentes períodos de repouso. Durante a regência de Capricórnio, o solo está em descanso e nada cresce, embora a Terra esteja se recuperando. Em nossos intervalos de descanso, brincamos, percorremos caminhos já traçados e nos preparamos para o futuro.

A demora não é um obstáculo, mas uma oportunidade para preparar-se melhor e trabalhar em imperfeições que, se não forem removidas, podem ser críticas para o esforço geral. Sabemos que Saturno tem muito que ver com o tempo e com a paciência. Se tentarmos nos adiantar com impaciência a fim de construirmos o que desejamos quando desejamos, a foice de Saturno poderá nos derrubar de modo muito desagradável; todavia, mesmo nesse caso estará nos ensinando nossas lições.

Adiamentos podem ser usados produtivamente para planejar de que maneira enfrentar o desafio. Bom planejamento e raciocínio cuidadoso tendem a representar a diferença entre sucesso e fracasso. Você também pode usar o tempo para elevar as habilidades necessárias a um nível superior. Em geral, a demora significa que alguma parte da sua ação ainda não está pronta. É necessário que lance bases sólidas para que a futura construção seja forte e não seja derrubada facilmente. Usadas de forma apropriada, essas demoras muitas vezes revelam-se fecundas, pois preparam nossa mente para atuar num nível mais elevado. Em geral, as pessoas têm de obter um novo conceito de si mesmas como aptas a enfrentar esse novo desafio. Elas podem utilizar a demora para desenvolver as habilidades precisas, reunir informação adicional e praticar aquilo que serão solicitadas a fazer.

Um acrônimo para o tempo é: "Hoje farei um esforço." Se estiver numa maratona de três milhas, não poderá vencê-la na primeira volta da pista. Observe as pessoas que estiverem nela por mais tempo, aprenda com elas, mas não se diminua porque não está onde elas estão. Em vez de julgar-se com rigor porque ainda não chegou lá, caminhe um passo por dia; e, passo a passo, chegará lá.

Muitas vezes observei um processo em que surgem oportunidades na vida dos meus clientes; então, nada acontece durante certo tempo; ou ocorrem intermináveis atrasos. Eles ficam frustrados e vêm fazer uma nova consulta a fim de verificar se podem esperar o progresso. A correlação astrológica desse processo é o de que um planeta em trânsito, muitas vezes Saturno, passa por sobre um planeta, em seguida faz uma parada por perto, e então se torna retrógrado depois de passar pelo local original. Enquanto os planetas exteriores estão retrógrados, muitas vezes começamos a fazer um trabalho interior e a nos prepararmos. Quando o planeta se torna direto outra vez e torna a passar pelo mesmo local, a oportunidade ou outra bastante semelhante surge mais uma vez. Se isso lhe acontecer, ou a um dos seus clientes, examine cuidadosamente a demora, e pergunte qual preparo adicional será necessário para se ter sucesso nesse desafio. Use o período de retrogradação como um tempo para se preparar no intuito de enfrentá-lo a sério.

Pessoas que estão destinadas a carreiras *New Age*, muitas vezes se sentem aborrecidas com as intermináveis demoras em ver a manifestação de suas visões. Com freqüência, têm a sensação de estar desperdiçando a vida, pois até o retorno de Saturno, em algum momento entre os 27 ou os 29 anos, passam de um emprego para outro e não parecem chegar a lugar nenhum, diferentemente do que acontece com seus contemporâneos, que estão destinados ao trabalho de rotina e que parecem conseguir tudo o que querem já por volta dos vinte anos. Vejo esses padrões em indivíduos com Urano, Netuno e Plutão proeminentes, sobretudo na Sexta ou Décima Casa ou com aspectos para o Meio-do-Céu. Há sabedoria na demora, pois a maioria de nós é incapaz de lidar de forma sábia com as energias desses planetas antes do retorno de Saturno. Equilíbrio, maturidade, autocontrole, uma considerável experiência da vida, a capacidade de colocar o ego de lado e acúmulo de conhecimentos são exigidos para essas carreiras.

Sorte, Azar e Planejamento

Dizem que Saturno é azarado. Entretanto, muitas vezes, azar é exatamente uma questão de má sincronização e de mau planejamento. Para planejar melhor – na verdade, por fazer planos quanto ao período –, muito "azar" pode ser evitado. Por exemplo, se você sabe que certos aparelhos da sua casa, por serem velhos, provavelmente irão se quebrar a qualquer momento, estabeleça um plano organizado (até mesmo um orçamento) para repor ou restaurá-los antes que se quebrem. Se puder evitar, não permita que coisas assim o surpreendam. Se você falhar em planejar, estará planejando o fracasso.

Eu tinha uma amiga bastante distraída que vivia sempre com problemas. Seu carro era um "ferro-velho", não tinha faróis dianteiros e estava prestes a deixar de funcionar. Certo dia, ela foi detida pela falta dos faróis; descobriu-se que ela trafegava sem habilitação. Resultado: acabou sendo presa. O comentário dela: "É o meu azar." Meu comentário: "Não, senhora, foi exatamente o seu mau julgamento." Onde quer que Saturno esteja no seu mapa, você terá bem menos azar se usar os traços positivos de Saturno, tais como o planejamento, a cautela, a organização e o autocontrole. Em geral, o que acontece é que quanto mais arduamente trabalharmos tanto mais sorte teremos.

Os Perigos do Perfeccionismo

Helen DeRosis escreveu livros muito bons sobre problemas saturninos, como o medo e a depressão; ela recomenda que, quando sentir ansiedade ou ficar subitamente deprimido, você deve se perguntar quais os padrões ou as expectativas que impôs a si mesmo. No seu próprio mapa, a localização de Saturno por signo e por casa pode lhe dar as chaves para quais sejam essas exigências impossíveis. Por exemplo, pessoas com Saturno em Gêmeos estabelecem a expectativa de que sempre serão inteligentes e capazes de dominar todos os temas intelectuais. Os que têm Saturno na Décima Primeira Casa esperam sempre ser amigos perfeitos e esperam que seus amigos lhes retribuam na mesma moeda. Em geral, você tem os mais fortes sentimentos de inferioridade exatamente naquilo em que você é mais perfeccionista, uma vez que é quase impossível atingir os padrões.

O perfeccionismo é contraproducente. Estudos comprovaram que perfeccionistas na verdade conseguem fazer menos do que os que se contentam em fazer o melhor que podem e não ficam remoendo o fato. Se o perfeccionismo está tornando a sua vida miserável, você deve ler o artigo de David Burns, *Psychology Today* sobre o tipo de livros assinalados na bibliografia. Se obtiver algo com 90% de perfeição, com toda probabilidade isso será suficiente. O perfeccionismo leva à procrastinação e à estagnação, uma vez que existe o medo de tentar. A expectativa de fracasso no cumprimento dessas exigências absurdas a leva por si só ao fracasso de tentar. (O remédio LARIÇO é excelente para os que têm medo de fracassar e que, portanto, fracassam em fazer o trabalho. FAIA ajuda as pessoas excessivamente críticas consigo mesmas, e com os outros.)

Tentar ser perfeito é perda de tempo. Se você gastar dezessete horas tornando o trabalho de uma hora perfeito, está desperdiçando a sua vida. Mantenha um equilíbrio entre a qualidade de execução e o emprego do tempo. Um ótimo livro chamado *How to Get Control of Your Time and Your Life* (Como obter controle do seu tempo e da sua vida), mencionado na bibliografia, tem sido útil na eliminação do perfeccionismo; ele divide as tarefas em categorias do que é importante e do que não é, listando-as como A, B, e C, segundo sua prioridade. O livro diz que, em geral, gastamos 80 por cento do nosso tempo com coisas em que deveríamos gastar apenas 20 por cento. Se você começar a gastar 80 por cento do seu tempo nos 20 por cento de coisas de fato importantes, realizará muito mais.

Por outro lado, sentir desconforto com a imperfeição também pode levar a buscar a excelência. Essa imperfeição o irrita até que faça algo sobre ela e, talvez, construa algo de bom a partir daí, tal como a ostra que usa o grão de areia para formar a pérola. A chave, então, é descobrir um ponto de equilíbrio entre o desejo de qualidade e a automaestria, e a outra extremidade menos construtiva do espectro saturnino, o perfeccionismo.

Remédios Florais para Problemas Saturninos

Alguns remédios parecem feitos sob medida para os tipos cujo caráter é saturnino. A FAIA é indicada para o perfeccionista que critica e não tolera os erros dos outros, aborrecendo-se com eles. Também ajuda os que se autocriticam em demasia. O CARVALHO serve para o valente saturnino perseverante, que continua a lutar independentemente de estar desesperado, sem nunca desistir. Para essa gente, a vida tem sido dura. A ÁGUA DE ALGAS serve para saturninos que se martirizam na perseguição de um ideal. Eles são rígidos, inflexíveis, e investem bastante na autonegação. A VIDEIRA é boa para os que querem dominar e ter o controle da situação. As pessoas a quem se destina a VIOLETA D'ÁGUA mantêm-se afastadas dos outros; no entanto, elas são competentes e se envolvem principalmente no próprio trabalho. Remédios para o medo e a depressão serão abordados em separado nos capítulos seguintes. Remédios para aspectos específicos de Saturno serão tratados na seção sobre aspectos, a seguir.

Também existem remédios que parecem adaptar-se melhor aos trânsitos de Saturno. A OLIVEIRA, os arbustos e árvores betuláceas do gênero carpino e o CARVALHO são adequados para vários graus de fadiga e de tensão, na ordem apresentada, do menor para o maior. O BROTO DE CASTANHEIRO ajuda você a aprender com os seus erros, em vez de repetir sempre os mesmos padrões. A MALVA auxilia em passagens cíclicas saturninas tais como a crise da meia-idade, o medo do envelhecimento, a menopausa e a puberdade. O TOMILHO tem que ver com a sensação de perceber o tempo, de forma que cada pessoa pode alcançar o futuro ou verificar o passado. Ajuda a sobrepujar a sensação de que o tempo está passando lento demais e parece acelerar os acontecimentos.

Aspectos de Saturno

As breves interpretações aqui apresentadas aplicam-se em sua grande maioria aos aspectos difíceis com o Saturno natal, inclusive a conjunção, a quadratura, a semiquadratura, a sesquiquadratura, o quincúncio e a oposição. Obviamente, há diferenças entre Saturno em quadratura com Urano e Saturno em oposição com Urano, mas este livro não pretende ser um catálogo completo de aspectos. O objetivo desta seção é chamar a atenção para os tipos de problemas que podem ocorrer com dada combinação e, o que é mais importante, despertar a atenção para os instrumentos de cura que você pode usar caso haja bloqueios.

SOL/SATURNO: (Sol em Capricórnio, Sol na Décima Casa.) A auto-estima depende de se atingir a perfeição. Há certa identificação do Self e do valor pessoal com o trabalho, a carreira ou o sucesso. Muitas vezes este aspecto revela que o pai da pessoa foi frio, crítico, autoritário e exigente. Nada que a criança fizesse era suficientemente bom. Seu pai pode ter sido muito velho, muito bem-sucedido, ou ainda muito ambicioso – quer tenha tido êxito ou não. A pessoa recebeu uma dupla mensagem que provocou um grande medo do sucesso, pois ser bem-sucedido significaria ultrapassar o pai e perdê-lo. Na verdade, o velho poderia não se sentir satisfeito por ser ultrapassado, visto que isso reforçaria o seu medo de fracassar, o que significaria perda de autoridade diante do filho.

Se tiverem esses aspectos e, além disso, Saturno estiver na Quinta Casa, as pessoas podem ter receio de ser autênticas, de concretizar seu potencial e de ser infantis e criativas. Quando estavam crescendo, viviam num ambiente que limitava a auto-expressão, e onde as virtudes infantis foram desaprovadas, pois faziam-nas parecer adultos em miniatura. Essas pessoas tiveram de competir com uma figura autoritária em vez de descobrir o verdadeiro Self. Remédios florais para despertar a criatividade são a ÍRIS e a CASTILEJA

INDIANA. Também será conveniente purificar o plexo solar e o chacra da garganta com luz verde. A ZÍNIA ajuda a pessoa a entrar em contato com a criança brincalhona que temos dentro de nós.

A pessoa com este aspecto que consegue deixar para trás o perfeccionismo e o medo, é capaz, responsável e confiável, portando com dignidade a autoridade. Será imensamente útil clarear todo o chacra do plexo solar com luz dourada e azul. Remédios florais de utilidade são o GIRASSOL e o SAUGERO, ambos excelentes para complexos paternais. O VERBASCO ajuda a concretizar os verdadeiros potenciais próprios. O OLMO serve para sentimentos de inadequação, enquanto o LARIÇO é bom para os que ficam na expectativa de falhar e, portanto, deixam de tentar.

LUA/SATURNO: (Lua em Capricórnio ou na Décima Casa, Saturno na Quarta e, até certo ponto, Saturno em Câncer.) Estes aspectos com freqüência mostram que a mãe foi fria quanto às necessidades do filho, em vez de protetora. Talvez ela fosse mais velha, e não tivesse mais paciência com crianças. Na situação em que teve de assumir responsabilidades em demasia, ela pode ter exigido que a criança crescesse depressa demais. Um cliente com a Lua em Capricórnio contou-me que a sua mãe costumava repetir um ditado predileto: "Não estou criando crianças, estou formando adultos."

A mãe pode ter sido obrigada a trabalhar fora ou ter se sentido extremamente ansiosa quanto à sobrevivência, devido à pobreza. (A geração de Saturno em Câncer do fim dos anos 40, é a dos filhos da Depressão.) Seja como for, é provável que a criança tenha nascido durante algum tipo de trânsito saturnino da mãe – problemas financeiros ou outra crise. Algumas vezes essas crianças nasceram durante o retorno do Saturno da mãe ou durante outro aspecto com seu Saturno natal; assim, mãe e filho tinham Saturno em aspecto recíproco.

Como resultado disso, a pessoa com esse aspecto pode ter crescido sentindo-se insegura quanto à sobrevivência, temerosa de passar por privações e ansiosa quanto ao fato de tornar-se independente. Ele, ou ela, só descobre a segurança no sucesso e na realização – "não podem tirar isso de mim". E, no entanto, há uma dupla mensagem, pois ter sucesso significa perder a mãe e qualquer chance de ser protegido. Em muitos casos, a mãe era muito competente e teria sido bem sucedida numa carreira, mas foi impedida devido à responsabilidade de cuidar da família. Muitas vezes com este aspecto, a ambição frustrada da mãe se converte em ansiedade pelo sucesso dos filhos.

Em geral, a mãe também receava as emoções, porque estas interferiam no caminho da realização; portanto, os filhos aprenderam que não obteriam resposta se fossem emotivos; então eles passaram a controlar suas emoções rigidamente. A única emoção aceita era a da depressão, e assim aprenderam a fingir que a maioria dos outros sentimentos (sobretudo a raiva) eram depressão. Descobriram que em geral as pessoas se preocupavam mais com elas quando estavam deprimidas do que quando se mostravam zangadas, uma vez que é mais fácil para os outros lidar com a depressão. A própria mãe pode ter estado cronicamente deprimida ou ansiosa. Pode ter sofrido uma depressão *post-partum* depois do nascimento da criança, o que o filho absorveu e incorporou. Possivelmente a depressão se deveu ao fato de o nascimento do filho a ter acorrentado ao dever e à responsabilidade, significando a perda da oportunidade de prosseguir com suas ambições profissionais.

A pessoa que tem este aspecto e que se livra da insegurança, do medo e da depressão é estável, responsável e extremamente carinhosa, e pode tornar-se uma espécie de governanta profissional, quer seja como enfermeira, professora, governanta de uma casa ou de um hotel. É importante trabalhar com o chacra básico, em especial com luz azul. Os capítulos a seguir sobre depressão e medo conterão muitos instrumentos úteis de cura para dificuldades emocionais comuns com este aspecto. A CASTANHA VERMELHA presta-se para mães superprotetoras ou para pessoas que se preocupam em demasia com os outros. A AGRIMÔNIA destina-se àqueles que ocultam tormentos emocionais por trás de uma fachada de alegria. O MÍMULO e a FÚCSIA são bons para aliviar emoções reprimidas. A ROMÃ ajuda a curar os extremos emocionais devidos à carência de proteção durante a infância.

MERCÚRIO/SATURNO: (Mercúrio em Capricórnio, Saturno na Terceira Casa, ou algumas vezes até mesmo em Gêmeos.) As pessoas com este aspecto tendem a ter complexo de inferioridade quanto às suas habilidades mentais ou à sua capacidade de comunicação. Com freqüência, a figura autoritária que fez a pessoa se sentir incompetente foi um irmão ou irmã mais velhos com habilidades escolares dignas de nota. A criança foi muitas vezes comparada com esse irmão e se sentiu destituída de virtudes. Algumas vezes, esse irmão diminuiu de fato ou ridicularizou a criança, mas muitas vezes tratou-se apenas da inevitável superioridade de alguém alguns anos mais velho, que já aprendeu algumas habilidades mais avançadas na escola.

De vez em quando, pessoas com esse aspecto sentem dificuldade em ler ou pronunciar as palavras, ou até mesmo gaguejam devido à pressão e à tensão de pais e professores que exigem perfeição. Como conseqüência, pessoas com Mercúrio/Saturno em aspecto, julgam-se estúpidos, entre elas um dos meus clientes prestes a doutorar-se em física. Em geral, a mente dessas pessoas amadurece com o passar dos anos e elas costumam se sair melhor no colégio ou no curso superior do que no ginásio. Muitas vezes acabam sendo intelectuais ao envelhecer, quando sentem que mereceram o seu tempo de lazer. No início de sua vida, Albert Einstein, que desenvolveu a Teoria da Relatividade, foi considerado retardado porque era lento na escola e nas aptidões de comunicação. Ele tinha uma conjunção próxima de Mercúrio e Saturno em Áries. Segundo o *Astro-Data II*, de Lois Rodden, Einstein nasceu em 14 de março de 1879 às 11:30 da manhã, hora local, em Ulm, Alemanha, 10L00; 48N30.

Os cânticos ou rosários para Mercúrio/Saturno serão um bom preparo para o trabalho mental. Meditar sobre um mantra específico e a respiração profunda também ajudarão a clarear a mente. Remédios florais que poderão proporcionar ajuda: o CASTANHEIRO BRANCO, para aprender com os próprios erros; o POEJO, para liberar pensamentos negativos; e o LIMÃO, para clareza mental e para aprender a lidar com a matemática ou com um computador. Limpar o chacra frontal com luz azul ou branca também será útil. Como acontece com muitos aspectos saturninos, a melhor cura para este é o tempo e a experiência.

VÊNUS/SATURNO: (Vênus em Capricórnio, ou na Décima Casa, Saturno na Sétima.) Pessoas com aspecto entre Vênus e Saturno muitas vezes têm pais que as fizeram sentir que precisam CONQUISTAR amor através de trabalho árduo e sucesso. Portanto, as pessoas com esse aspecto em geral acreditam que os outros só as amarão se forem bem-sucedidas; contudo, o contrário é que é verdade, sobretudo no caso das mulheres. Infelizmente, as pessoas são orientadas para o sucesso. Na excelência pode haver solidão. Na busca pelo sucesso – que é o seu modo de procurar amor – essas pessoas se concentram tanto no trabalho, que lhes sobra pouco tempo e energia para os contatos sociais. Acabam deixando de cultivar as amizades por estarem ocupadas demais para incluir as pessoas na intimidade da sua vida. Quando rejeitadas, não conseguem entender. . . "Por que você não me ama? Afinal, não produzo? Quer ver o meu currículo?" Em termos espirituais, os aspectos entre Vênus e Saturno podem destinar-se ao propósito de abrir-lhes um campo para demonstrarem sua excelência, e a liberdade para desenvolver suas capacidades, sem a distração e as limitações que um casamento ou uma família podem trazer.

Para a pessoa com aspecto entre Vênus e Saturno o amor chega tarde. Mas nesse caso, o amor muitas vezes pode ser até melhor, por causa da maturidade. Quando unimos nossas experiências amorosas às da pessoa que amamos, algo de valor é construído. Já construímos uma base firme sob nossos pés, já cometemos muitos dos nossos erros. Pessoas jovens podem tornar-se tão envolvidas com a própria personalidade que só se relacionam com as outras quando isso as favorece. Alguém com mais maturidade e maior conhecimento do mundo e da vida não espera que o mundo da pessoa amada gire ao seu redor. Já desistimos de esperar milagres do amor, não mais esperamos que o amor nos enleve, nos modifique, que seja o ingrediente mágico que nos ajude a atear fogo ao mundo. Somos mais realistas, não tão deslumbrados com finais hollywoodianos. Já não nos iludimos com tanta facilidade, achando que amor é prazer, visto que sem dúvida já tivemos nosso quinhão de desejos satisfeitos. Procuramos caráter, não só valores venusianos superficiais. Somos gratos pelo companheirismo, mas temos um senso mais estável de personalidade. Vemos os limites do amor e estamos mais inclinados a nos acomodar com alguém que não passa de um outro ser humano como nós.

As pessoas falam sobre o aspecto de Vênus/Saturno como de um Vênus maléfico; no entanto, ele às vezes age como um Saturno benéfico. É como se você tivesse sorte e as pessoas comentassem: "Você deve estar vivendo do modo certo." Tenho este aspecto e tenho sido extremamente feliz com assuntos saturninos. Tenho um senso de oportunidade bem sintonizado e feliz. Portanto, quando faço o meu dever ou cumpro minhas responsabilidades, com freqüência eles são recompensados com a sorte. O dever pode não ser nada divertido, mas cumpri-lo muitas vezes me prepara para outra coisa qualquer, ou, enquanto o estou cumprindo, "tropeço" em alguma outra coisa que é positiva.

Essências florais para o aspecto entre Vênus e Saturno incluem o CORAÇÃO-DE-MARIA, para um amor perdido; o GOIVO, para confiar em sua própria atração; o MÍMULO VISCOSO, para o medo da intimidade. Outros incluem o CORNISO, para que os relacionamentos sejam gentis e graciosos; o FIGO, para que haja confiança entre o casal; e as LILÁCEAS, para tornar-se receptivo ao amor e para eliminar sentimentos de alienação e separação. Exige-se, indubitavelmente, um longo trabalho com o chacra do coração, para limpar velhas tristezas e o medo de dar e de receber amor. Para esse centro, a luz azul e a luz rosa terão um efeito muito intenso.

MARTE/SATURNO: (Marte em Capricórnio, Marte na Décima Casa, Saturno em Áries.) Esse aspecto indica muito medo – medo da raiva, da agressão, de afirmar a própria individualidade e medo da sexualidade. Pode haver ansiedade quanto à atuação e medo do fracasso, o que em si mesmo tende a levar ao fracasso. Esse aspecto é uma das indicações de que a criança sofreu maus-tratos, embora você não deva fazer tal afirmação sem verificar outros aspectos que confirmem esta hipótese. (O capítulo sobre violência doméstica no meu livro *Healing Pluto Problems* analisa esses maus-tratos extensivamente, com exemplos de mapas.) No mínimo, o aspecto mostra disciplina rígida. A criança pode ter convivido com uma figura áspera ou brutal e autoritária que temia a própria raiva e a reprimia, ou que se retirava até essa raiva se concentrar e depois explodir. O pai muitas vezes pode ter reprimido a raiva ou a autoafirmação do filho. O nativo tende a repetir o modelo de comportamento, reprimindo a raiva até ela explodir, reforçando o medo de sentir raiva, e criando assim um círculo vicioso. O pai pode ter sido extremamente competitivo com o filho, reagindo com excesso de criticismo ou punindo os esforços da criança no sentido do autodomínio e da importância pessoal.

Remédios para a raiva incluem a FAIA, a IMPACIÊNCIA, o SALGUEIRO e o AZEVINHO. A CEREJA destina-se especificamente ao medo de que a raiva descontrole a pessoa, levando-a a ferir a si mesma e aos demais. Outras essências incluem a BORRAGEM, para a temeridade e a MADRESSILVA DE FOLHAS PERSISTENTES, para afirmação da individualidade. Limpar todos os chacras com luz vermelha também é útil. O LARIÇO diminui o medo do fracasso.

JÚPITER/SATURNO: (Em menor grau, Júpiter em Capricórnio ou na Décima Casa, Saturno na Nona ou em Sagitário.) Este aspecto pode produzir uma atitude cautelosa relativa ao crescimento, pois na experiência dessa pessoa cada crescimento tende a causar um retrocesso ou a acrescentar responsabilidades. Essas pessoas muitas vezes experimentam o crescimento (Júpiter) ao cumprir seu dever ou através de outras virtudes saturninas. Analogamente ao aspecto Vênus/Saturno, as pessoas que o têm com freqüência também atraem "a boa sorte" ao assumir responsabilidades ou ao cumprir seu dever. Ele mostra uma excelente capacidade de crescer e de aprender com a experiência.

Os pais dessas pessoas podem ter sido mais idosos – mas também mais sábios. Devido às experiências difíceis, eles podem ter tido medo de ser otimistas, como no ditado judaico, *kine hora*. A pessoa com este aspecto é extremamente consciente, mas também pode ser excessivamente rígida, pomposa, convencida de ter sempre razão, e crítica. O entusiasmo e a exuberância da criança podem ter sido esmagados. Essas pessoas geralmente crescem numa casa em que a formação foi muito rígida e que dava grande valor à educação e ao estudo, e muitas dessas pessoas são acadêmicos por natureza, sentindo prazer em estudar coisas sérias ou dedicando-se seriamente ao estudo da religião ou da filosofia. A ansiedade pode provir do perfeccionismo quanto à atuação escolar, que tende a impedi-los de obter resultados nessa área, a não ser mais tarde na vida. Como não são demasiado abstratas, essas pessoas em geral acreditam que o aprendizado tem de ter aplicações práticas. Remédios úteis para este aspecto são a ERVA DE SÃO JOÃO, para acreditar no divino, o POEJO, para pensamentos negativos, e a OPALA, para a esperança.

URANO/SATURNO: Essas pessoas podem ter medo de ser diferentes e de expressar sua individualidade; no entanto, tornam-se estagnadas em suas atitudes e fazem isso compulsivamente. Devido à sua teimosa rebeldia, nem sempre evidente de imediato, se lhes disser o que fazer pode estar certo de que não o farão, ou ao menos não quando você sugerir e do jeito que você sugerir. No entanto, deixadas por conta da própria iniciativa, podem ser extremamente responsáveis. Elas trabalham melhor para si mesmas. Com aspectos de Saturno com Urano, é-se o homem original marginalizado, que não se adapta em nenhum lugar. Quando está com pessoas conservadoras, assume a posição de rebelde ou não-conformista; no meio de rebeldes, representa o papel de um tradicionalista. Profundamente antagônica à autoridade, a pessoa é medrosa demais para manifestar seu antagonismo abertamente, e portanto, demonstra isso de modo mais sutil. Se em vez de lhes dizerem o que fazer, as deixarem por conta própria, elas podem ser muito responsáveis e competentes, além de ter grande iniciativa pessoal.

Esse comportamento se desenvolve quando os pais se apegam às tradições, embora por dentro se rebelem contra as responsabilidades e deveres que os forçam a trilhar o caminho de Saturno. Disfarçadamente, os filhos são encorajados a ser diferentes e a seguir o próprio caminho. Ou, talvez, os pais são muito diferentes um do outro, um saturnino e outro uraniano, e o filho, de certa forma, fica encurralado entre os dois, tendo de agradar a ambos. O filho também pode ter nascido numa época de mensagens culturais mistas ou durante uma rápida mudança cultural, quando o clima político era conservador mas as forças da mudança agiam subterraneamente. A finalidade espiritual deste aspecto parece ser construir uma ponte sobre o que antes constituiu a brecha entre gerações, isto é, descobrir um modo para que a cultura concilie as forças da mudança com a necessidade de preservar o que tem valor – distinguindo, se preferir, a diferença entre o bebê e a água do banho.

Essências florais úteis são a ARTEMÍSIA TRIDENTADA e o VERBASCO, ambas para estabilizar e concretizar a própria identidade e o verdadeiro potencial. A VERBENA é para os que se rebelam contra as injustiças.

SATURNO/NETUNO: (Menos forte, Saturno em Peixes ou na Décima Segunda Casa, Netuno na Décima Casa.) Os pais ou outras pessoas que exerciam autoridade podem ter sido imprevisíveis, na melhor das hipóteses; ou alcoólatras, seriamente perturbados ou destrutivos, na pior. Esses pais não ajudaram a desenvolver a estrutura, a responsabilidade e a autodisciplina do filho, de forma que o adulto pode carecer desses atributos saturninos. Em outras ocasiões, essas crianças tiveram de ser pais para os que representavam a figura paternal, e assim podem ser responsáveis em excesso, a ponto mesmo de se tornarem mártires. O retorno de Saturno tende a ser uma época difícil para qualquer um desses tipos, provocando um confronto difícil com a realidade; depois, essas pessoas ficam mais fortes, apresentando traços saturninos mais positivos. Os remédios para o medo e a depressão dados no capítulo seguinte, podem ser muito eficazes. Se houver um pai alcoólatra, o grupo Alanon para filhos adultos de alcoólatras representa a melhor cura de todas. (Estes grupos também são abertos para filhos adultos de outros viciados e para famílias desestruturadas em geral.) Muitos dos remédios e exercícios apresentados nas seções sobre Netuno no segundo livro serão úteis, contudo mais especificamente, o MILHO e a UVA URSINA são bons para adaptar a pessoa à vida prática.

SATURNO/PLUTÃO: (Com menos força, Saturno em Escorpião, Plutão na Décima Casa.) Este é um aspecto desarmônico, em que os pais ou outras pessoas detentoras de poder foram terrivelmente opressivas, controladoras ou mesmo corruptas, resultando em lutas bastante difíceis pelo poder. Ou então pode ter havido situações muito graves de necessidade que forjaram esta pessoa com a dureza dos diamantes. (As eras de conjunções de Plutão e Saturno têm sido tempos difíceis para a humanidade, por exemplo, 1914-15, 1947-48). No pior dos casos, a pessoa tende a ser extremamente rígida, amargurada e autodestrutiva no relacionamento com as autoridades, o sucesso e o poder; na melhor das hipóteses a pessoa pode dedicar-se à cura, ser uma pesquisadora, ou uma autoridade muito responsável e autodisciplinada. As séries de exercícios e instrumentos de cura apresentados em meu livro *Healing Pluto Problems*, podem ser muito adequados para a pessoa que tem este aspecto, sobretudo os apresentados no capítulo sobre culpa e ressentimento, para os quais o AZEVINHO, o SALGUEIRO e o PINHO serão muito favoráveis. A ROSA SILVESTRE ajuda a mitigar o medo da morte.

Livros Úteis sobre Problemas Saturninos

David Burns, *The Perfectionist' s Script for Self-Defeat* (O roteiro do perfeccionista para a autoderrota). *Psychology Today* (novembro de 1980), 34-52.

Uma exploração muita longa e bastante útil dos perigos do perfeccionismo. Vale uma ida à biblioteca, e, se não houver um volume à disposição, peça à Psychology Today Reprints, Box 278, Brooklyn, NY 11205.

Liz Greene, *Saturn: A New Look At An Old Devil*. York Beach, ME: Samuel Weiser, Inc., 1976. *Saturno – O senhor do karma*, Ed. Pensamento, São Paulo, 1988.

Um estudo inestimável sobre os significados psicológicos dos posicionamentos de Saturno, que ajudaram muitos leitores a crescer e a melhorar suas ações.

Michael Lutin, *Saturn Signs*. (Signos de Saturno). Nova York: Crown Press, 1975.

As observações contundentes de Michael Lutin e seu humor o tornaram um orador favorito. O livro faz com que uma espécie de tio ranzinza veja os efeitos de Saturno em cada signo.

Capítulo IV

SATURNO E O MEDO: NEUROSE OU SABEDORIA INTERIOR?

Saturno refere-se aos limites, e o que quer que nos leve a ultrapassá-los (ou ultrapassar o que acreditamos ser nossos limites) nos amedrontará. No entanto, assim como os anéis de Saturno, o medo é que cria as limitações. À medida que observarmos o medo que limita nossas vidas, descobriremos certa quantidade de traços saturninos negativos – como o negativismo, o perfeccionismo, a obstinação e uma aceitação passiva da autoridade. Assim como Saturno tanto tem funções positivas como negativas, descobriremos que o medo também serve para finalidades positivas. Os medos que aparecem com determinados aspectos de Saturno serão debatidos. Finalmente, mantendo a abordagem da homeopatia, examinaremos de que forma os traços positivos de Saturno – tais como o planejamento – podem eliminar os temores debilitantes. Técnicas e instrumentos de cura serão apresentados na última parte deste capítulo.

O Medo, Avô de Todas as Neuroses

O medo é horrível. Quando ele ataca, nos sentimos vulneráveis e desamparados. O corpo se contrai, o coração bate espasmodicamente. A sensação é tão desagradável que faremos qualquer coisa para evitá-la. Portanto, na maioria das vezes, o medo usa uma máscara. Como defesa, apressamo-nos a participar de atividades compulsivas, a nos anestesiar cometendo excessos; ficamos doentes, ou nos congelamos na apatia. Quando essas tentativas de nos esconder se tornam crônicas, elas se disfarçam de PROBLEMA, tal como uma compulsão, um vício ou um bloqueio. A teoria freudiana sobre as neuroses afirma que sintomas são tentativas de aliviar a ansiedade e que a ansiedade sempre provém da repressão.

O medo está na raiz de muitos comportamentos auto-aniquiladores. A pessoa que perde 50 quilos e rapidamente torna a recuperá-los não o faz por não ter força de vontade mas porque tem medo do que significa ser magra. A estudante que nasceu num gueto e que obtém uma bolsa de estudos e, em seguida, fica grávida, não é promíscua; ela tem medo de abandonar sua gente e de enfrentar um mundo desconhecido. O escritor promissor que passa anos evitando a máquina de escrever não é preguiçoso, mas está com medo do fracasso ou do processo criativo, que não pode ser controlado. A capacidade que o medo tem de deixar outros problemas em seu rastro é a razão deste capítulo. Se entendermos e vencermos o medo, outras dificuldades também serão resolvidas.

As Funções Positivas do Medo

Assim como Seth, o espírito-guia do livro de Jane Robert, *The Individual and the Nature of Mass Events* (O indivíduo e a natureza dos acontecimentos de massa) indicou, os temores – alguns deles parece que bastante irracionais – podem despertar o corpo se este esteve letárgico demais ou demasiado arraigado à rotina. Se você confiar na natureza, será mais fácil confiar nesses sentimentos.

Seth também notou que o medo tem uma uma origem positiva e uma finalidade útil. Todos eles são apropriados em algum ponto de nossas vidas e têm uma função protetora. Muitas vezes, o medo é a sabedoria que surge do autoconhecimento. Por exemplo, se você não sabe nadar e está com medo de saltar do trampolim, essa relutância tem seu mérito. Em geral, o medo não significa neurose mas sabedoria interior, que o avisa que não tem a capacidade ou a experiência para lidar com determinada situação. As inibições atuam como freios, fazendo com que tenhamos cautela contra atos imprudentes ou mesmo perigosos.

O medo impede-nos de aceitar mais do que aquilo com que possamos lidar. Os medos são bloqueios que o Eu Superior constrói para nos impedir de praticar atos que seriam desastrosos antes de desenvolvermos a necessária autodisciplina e alcançarmos a necessária maturidade. Em geral, há boas razões para esses sentimentos de medo se os analisarmos; portanto, é preciso ficar bem atentos a eles. A sabedoria nos orienta, selando as portas que ainda não devem ser abertas. Saturno significa senso de oportunidade, e o medo pode advir da percepção interior de que ainda não chegou a hora correta. Ficamos imóveis até a circunstância ou a pessoa apropriada aparecer e sem a qual o esforço seria em vão. Com freqüência, os trânsitos de Saturno propiciam as condições ou o crescimento apropriado para rompermos as barreiras.

Portanto, se estiver bloqueado, seja saturnino. Analise os passos concretos necessários para o cumprimento seguro e bem-sucedido da tarefa, e então ponha-se a trabalhar a fim de adquirir os instrumentos ou a informação. Apenas o preparo concreto e o esforço disciplinado podem desenvolver as aptidões necessárias. Não negligencie traços saturninos positivos, tais como o planejamento, a preparação e a prática. Se continuar com medo depois disso, respeite o seu medo. Ainda não é o momento oportuno. Entretanto, o preparo não será desperdiçado, porque nenhum esforço é um desperdício. O trabalho tornará o seu avanço muito mais fácil quando chegar a ocasião. Você praticou; isso é tudo. Não há fracasso; apenas uma gradativa aproximação da meta.

Contudo, Saturno também revela rigidez e estagnação. O medo pode sobreviver à sua utilidade e generalizar-se, além da situação original insegura, em outras situações semelhantes. Pais excessivamente ansiosos podem ocasionar um curto-circuito na aprendizagem e nos deixar com medo de tentar aprender. Talvez quando você tinha seis ou sete anos o medo servisse para alertá-lo do perigo, mas com o passar do tempo e com a sua experiência a situação já não está mais fora de controle. Você aprendeu, adquiriu aptidões adicionais, e, no entanto, o medo permaneceu. O outrora útil aviso de perigo já não tem utilidade. O resto deste capítulo destina-se a ajudá-lo a vencer os temores que restringem desnecessariamente o seu modo de vida.

Como Atitudes Saturninas Negativas Contribuem para o Medo

Mostramos antes como cada uma das virtudes saturninas tem um espectro que vai do positivo ao negativo. As expressões positivas são indispensáveis para cumprirmos nosso dever; as negativas nos deixam com medo de tentar. Por exemplo, as qualidades úteis da cautela e da avaliação cuidadosa podem transformar-se numa ansiedade imobilizadora. Examinemos como os traços saturninos que se mudaram para a extremidade negativa do espectro contribuem para o medo. Por trás desses traços existem certas idéias; portanto, ultrapassar barreiras pode implicar mudança de atitudes, talvez através de repetidas afirmações.

ESTAGNAÇÃO – Quando nos estagnamos demasiadamente em velhas formas, estamos com medo de tentar algo novo. Mudança significa rompimento de velhos padrões e criação de novos. A pessoa excessivamente estagnada tem medo de que a mudança signifique ausência de formas e de estrutura, em vez de acreditar que estruturas mais apropriadas se desenvolverão. Mesmo as águas-vivas e as amebas têm limites para sua carência de forma.

RIGIDEZ – Quando os padrões do pensamento se tornam rígidos demais, tendemos a reagir contra novas idéias. "Isso sempre foi assim e continuará sendo assim!" Existem várias maneiras de observar qualquer situação, mas percepções e definições rígidas limitam nossa eficácia ao resolver o problema. Se acreditamos que existe uma única solução, nossa crença limita-se a esse único método de resolução. Se esse método não funcionar, ficamos estagnados enquanto insistirmos em pensar desse modo.

PESSIMISMO/NEGATIVISMO – Um dos maiores obstáculos à realização de algo é a profecia de fracasso com que a pessoa se satisfaz. Talvez você tenha falhado em algum ponto, mas isso não leva em conta a capacidade de aprender com seus próprios erros. A experiência e o conhecimento permitem que pessoas maduras realizem as coisas que não puderam realizar quando eram jovens. Na verdade, os setores do nosso mapa tocados por Saturno são exatamente aqueles em que se chega muito tarde ao apogeu. Todavia, previsões de fracasso fazem com que você tenha medo de tentar.

PERFECCIONISMO – O perfeccionismo é o grande inibidor dos saturninos – e de todos nós nas áreas em que temos Saturno no mapa. A pesquisa mostrou que os perfeccionistas realizam muito menos do que os que são capazes de tolerar erros e imperfeições. E mais ainda: o perfeccionista é altamente arrogante. Ele tem uma idéia extravagante e oculta de que é uma jóia tão rara que não terá de aprender com os seus erros, como o resto dos mortais. A dedução dessas palavras faz com que seus esforços tenham de ser perfeitos. Essa exigência pode paralisá-lo, porque meta tão grandiosa parece impossível de atingir, e vem então o medo de tentar. A única maneira de chegar ao alto da montanha sem suar é ter nascido lá.

RESPEITO PELAS AUTORIDADES – Muitos temores se baseiam no julgamento crítico de pessoas que detêm o poder. Aceitamos a avaliação que fazem das nossas habilidades como um evangelho e, assim, nos impedimos de progredir. Essas autoridades, que nos parecem onipotentes quando somos crianças, são seres humanos falíveis, com temores próprios. Interpretações que faremos mais tarde neste capítulo mostrarão que muitas de nossas preocupações foram programadas pelos nossos pais.

Por exemplo, se papai, por motivos que ele conhece mais do que ninguém, cresceu com medo do sexo, ele não pode evitar de transmiti-los a nós, de forma que sexo se transforma no nosso medo pessoal. Se mamãe tem medo de deixar você fazer qualquer coisa arriscada com seu corpo – quem sabe, talvez você fosse uma criança doentia –, você poderá considerar perigosa qualquer atividade física e evitá-la. Mesmo que esse medo possa ter sido perfeitamente justificável em determinadas ocasiões, sua continuação já não tem validade. Quando a sua mãe era jovem, a mortalidade infantil durante o parto talvez fosse muito comum, e ela pode ter perdido alguns filhos queridos ao dá-los à luz. Consciente ou inconscientemente é possível que você tenha contraído a preocupação dela, e tenha medo de ter filhos, apesar de os métodos modernos terem tornado o parto muito mais seguro. Porém, o medo provoca contração, e assim ele pode tornar o trabalho de parto mais difícil.

A metafísica nos ensina que o que imaginamos de uma forma consistente pode transformar-se em realidade. Saturno tanto é medo como é forma concreta, e é possível dar vida aos medos que imaginamos. As profecias dos pais muitas vezes se cumprem. Se a sra. Smith ficar constantemente se preocupando com a possibilidade de que o pequeno Johnny se torne um bêbado como o irmão dela, com quem se parece, o comportamento dela transmitirá esse conceito, e o caráter do garoto será formado por ele. Os temores dos pais podem, em última análise, tornar-se uma realidade, a menos que você reconheça que eles não passam de uma ilusão.

Se quiser deixar de viver os temores dos seus pais, olhe para eles como mortais comuns. Saiba que o que eles imaginaram a seu respeito há vinte anos não influi no indivíduo que você está se tornando agora, a menos que você permita que essas idéias lhe criem limitações. Fazer um inventário das coisas que seus pais temiam e escrevê-las num papel – não só os receios que tinham em relação a si mesmos, como também os que se relacionavam com você – será de grande ajuda. Os seus signos e aspectos de Saturno – bem como os de seus pais – lhe darão as pistas. (Veja mais adiante as sugestões no capítulo sobre possibilidades.)

A SÍNDROME DO SER/OU NÃO SER – Em seu desejo de tornar tudo concreto e categorizável, os saturninos julgam definitivamente coisas que nada têm de fixas. O saturnino diz que ou uma coisa é ouro ou não é, e está certo. Uma coisa é terrivelmente perfeita ou é perfeitamente terrível, diz o saturnino, e está errado. Ele acha que ou se é bom ou se é mau, ou se é capaz ou se é incapaz, ou se é merecedor ou não se é merecedor, e essa é a sua realidade, permanente e imutável, até que renasça com outro mapa natal. Os bens materiais, como o ouro, podem ser medidos e avaliados, mas características e habilidades humanas são relativas, mutáveis e evoluem. O saturnino muitas vezes não deixa espaço para a evolução. Se a sua primeira pintura não tiver qualidade digna de exposição num museu ele acha que não foi talhado para ser um artista; portanto, não vê vantagem em continuar. Com tal juiz e tal júri olhando sobre o seu ombro, é claro que tem medo de tentar.

O Uso do Círculo com Capricórnio no Ascendente para Vencer o Medo

Com relação às dificuldades representadas por Saturno, usamos o círculo de Capricórnio, o signo regido por este planeta. Para entender o medo, pesquise os traços negativos dos signos que caem em cada uma das casas. Em seguida, de uma forma homeopática, procure as características positivas das mesmas combinações a fim de descobrir os remédios. Os princípios são verdadeiros para todos nós, independentemente do nosso signo. No entanto, pessoas cujo Ascendente é Capricórnio podem achar essa explicação especialmente útil.

Meus alunos descobriram um uso pessoal para esse círculo. Ponha seus planetas natais num mapa com 0 grau de Capricórnio no Ascendente, e as casas em que os planetas do mapa natal têm especial importância no que se refere aos seus medos. Por exemplo, se tiver Saturno e o Sol em conjunção em Áries, eles cairão na Quarta Casa no caso deste círculo, e a interpretação da Quarta Casa será muito significativa para você.

CAPRICÓRNIO NA PRIMEIRA CASA – Com Capricórnio na Primeira Casa, muitas das razões de medo relacionadas com Saturno, sobre as quais falamos antes, estão presentes. Medo de mudança e de que a estrutura desmorone surge da rigidez e da estagnação. Investir nas mudanças de atitude discutidas antes será útil. Você pode ter estado construindo um muro para manter o mundo em situação de impotência. Talvez acredite em sempre ter de estar com tudo sob controle – nada de fios corridos nas meias, senhoras, ou não chegarão à pensão ou ao dormitório. Você pode sentir que não pode simplesmente andar como um desleixado por aí, ou colocará em risco todo o seu futuro. Faça tudo direito ou então não faça. Se demonstrar insegurança, as piranhas o devorarão. Atitudes como essa acumulam montanhas de ansiedade sobre você. Examine o curso do seu raciocínio quando se trata de coisas das quais tem medo.

Como podemos usar os traços positivos de Capricórnio na Primeira Casa para vencer o medo? Dê o primeiro passo, enfrentando uma situação nova ou que o deixe ansioso. Vista-se bem para ter a melhor aparência possível. Ande devagar, e esteja bem preparado para a ocasião, planejando tudo antes, com cuidado. Um bom começo é meio caminho andado.

AQUÁRIO NA SEGUNDA CASA – Uma visão importante de Aquário na Segunda Casa é que a maioria das preocupações se relaciona com separações. Temos medo de perder algo a que damos valor, quer se trate de bens materiais ou de relacionamentos. Como diz a Corte dos Milagres, NADA QUE SEJA REAL PODE SER AMEAÇADO. Caso se trate de uma amizade verdadeira e não apenas de simpatia, de talento verdadeiro e não apenas de imaginação, de uma boa idéia para ganhar dinheiro, ou do que quer que seja autêntico, isso não pode ser ameaçado, mesmo se corrermos o risco.

Portanto, o remédio é aquariano. . . cultivar o desapego aos bens materiais e aos relacionamentos. Aquário associa-se à consciência; portanto, saiba que a única coisa de valor permanente que levará consigo ao morrer é a consciência. Rebele-se contra a tirania exercida pelos bens materiais sobre você e contra a idéia de que o seu valor é determinado pelo dinheiro que tem! Valorize as mudanças como uma oportunidade para expandir sua percepção e para tornar-se ainda mais perfeito do que sempre foi.

PEIXES NA TERCEIRA CASA – Vernon Howard, um ator autodidata, diz que a preocupação é uma mistificação onerosa, que nos deixa com a ilusão de que estamos fazendo algo para resolver a situação. Peixes na Terceira Casa sugere que a maioria dos receios se deve a ficções da imaginação. Imaginamos as conseqüências do que pretendemos fazer e, em seguida, aceitamos essas projeções como reais. Imaginamos que os outros rirão de nós, que nos criticarão, que nos rejeitarão. Pensamos que perderemos tudo o que temos e que acabaremos no asilo ou no hospital. Tudo isso é fantasia. A maioria das coisas com as quais você se preocupa nunca acontecerão. (Um acrônimo para a palavra inglesa *FEAR* é *False Evidence Appearing Real* (Falsa Evidência Aparentemente Real).

Comprovei pessoalmente a verdade dessa afirmação. Houve um período em que estive sujeita a ataques de ansiedade. Alguém sugeriu que eu arranjasse uma caixinha na qual eu deveria colocar pedaços de papel com minhas preocupações anotadas. Depois de escrever sobre as coisas que me afligiam, eu devia rezar para que não acontecessem e depois esquecê-las. No final do mês, abri a caixa e encontrei 26 pedaços de papel. Das 26 coisas que me haviam preocupado totalmente durante um ou dois dias apenas uma tinha acontecido!

Um dos meus terapeutas costumava dizer, com demasiada freqüência para meu consolo, que MEDO É DESEJO. Isto é, algumas vezes nossos piores receios também são nossas melhores fantasias. No entanto, como esses desejos são inaceitáveis, nós os projetamos sobre os outros. Por exemplo: podemos estar muito zangados com alguém (Áries na Quarta Casa) e desejar fazer mal a essa pessoa, mas invertemos a coisa e alegamos que querem nos prejudicar. Ou queremos que todos nos notem, mas fomos criados modestamente; por isso, distorcemos esse desejo em medo de que todos notem o que estamos fazendo e desaprovem nossa atitude. Essas distorções não têm nenhum sentido lógico; mas desde quando Peixes pode ser acusado de ser lógico?

Se a imaginação negativa cria o medo, a positiva pode, nesse caso, ajudar a vencê-lo. Use a técnica da visualização para criar uma estrutura mental positiva nova, vendo-se a realizar a tarefa que reluta em enfrentar. Peixes na Terceira Casa sugere que o que provoca mais medo é o misterioso, o desconhecido. Usar a imaginação para rever a situação é uma exploração preliminar do que ela possa ser. Isso também serve para a finalidade do ensaio, familiarizando-o com as novas condições.

ÁRIES NA QUARTA CASA – Na origem de muitos de nossos medos está uma espécie de autocentralização ariana – EU, EU, A MIM. Olharão para MIM. Se eu falhar e fizer papel de tolo, eles rirão de MIM. Exageramos a nossa importância no esquema das coisas como um todo quando, na maior parte das vezes, as pessoas simplesmente não se importam com o que fazemos, ou sequer nos notam. A solução também é ariana/marciana. Concentre-se no Self e coloque-o no alvo – a ponta da flecha no símbolo de Marte.

Outra fonte de medo é o senso de competição. Queremos vencer nossos pais e as autoridades; no entanto, a consciência não nos autoriza a fazer isso, pois seria um ato de agressão contra quem nos sustentou. Temos medo de deixar nossos pais zangados porque, no inconsciente, eles ainda são os mesmos gigantes onipotentes de quando éramos pequenos. Reconheça e aceite sua agressividade, seu espírito de competição. Afinal, o que há de errado com isso? Ser largado no mundo ou abandonar mamãe quando se vai para o jardim da infância é um ato de agressão? Acaso isso nos torna mesquinhos?

Finalmente, Marte tem que ver com a raiva, e nos alicerces do medo pode haver algum rancor que você não está aceitando. Na hora da luta, todos os animais de mobilizam, ou para lutar ou para fugir, e aqui, a reação de fuga venceu. Outro acrônimo para *FEAR* é *F. . . Everything And Run* (que, traduzido livremente, quer dizer: Dane-se tudo e corra). Pergunte a razão da sua zanga – e imagine o que aconteceria se você a demonstrasse. Quando você a vê como ela é, ela se torna menos assustadora. Ler livros sobre a raiva ou fazer treinamento para aprender a defender seus direitos também pode ajudar.

TOURO NA QUINTA CASA – A Quinta Casa significa correr riscos, inclusive com entregas perigosas como a casos de amor, aos filhos, à criatividade e ao prazer. Para definir o signo de Terra, Touro, isso significa que a rigidez pode interferir no modo de assumir esses riscos. Use o lado positivo, terreno e prático de Touro para aproveitar o prazer quase sensual dos seus esforços. . . suje as mãos ou mesmo deixe que a sujeira entre embaixo das suas unhas. Use a serenidade taurina para aproveitar, sem fazer julgamentos. Ao contrário dos outros signos de Terra, Touro não é particularmente crítico nem particularmente duro consigo mesmo.

GÊMEOS NA SEXTA CASA – De fato, os espantalhos da sua mente podem fazê-lo adoecer. O medo gera tensão mental excessiva, e esta pode traduzir-se em enfermidades físicas. Quando as pessoas dizem "estou ficando doente de tanta preocupação" é bem provável que estejam falando a verdade. Como você poderá usar positivamente essa mesma combinação? Primeiro, dirija o humor geminiano para o trabalho e exagere o medo a ponto de torná-lo ridículo. Se não tiver senso de humor, então trate de arranjá-lo. Segundo, ponha em ação a agilidade mental geminiana, dando tratos à imaginação para descobrir soluções. Há inúmeros modos de lidar com qualquer tarefa, alguns muito mais fáceis que os outros. Ninguém disse que você precisa cumprir o seu dever da maneira mais difícil. E o que mais? Fale, fale sobre o seu medo até que ele diminua.

CÂNCER NA SÉTIMA CASA – O medo de não ser capaz de realizar as coisas muitas vezes se origina da dependência excessiva. Examine seu relacionamento íntimo com uma pessoa sufocadora que esteja criando a impressão de que você não sobreviverá sem essas ternas ajudas que ela lhe dá. Mesmo que agora ninguém esteja representando esse papel, muitos temores remontam à primitiva incumbência de obedecer com seriedade à. . . mamãe. De que maneira inverter essa situação? Descubra alguns parceiros protetores, tudo bem, mas só se apegue aos que permitem que você cresça e que o acariciam enquanto você faz isso.

LEÃO NA OITAVA CASA – Grandes surtos de progresso morreram prematuramente devido ao orgulho. O orgulho pode estorvar o fluxo dos nossos maiores esforços para evoluir. Ao contrário, a morte do ego torna desnecessários muitos medos. É o que todos eles pretendem, não é? Você tem medo de que alguém ria de você, de não ter boa aparência, de ser pego com as calças arriadas. . . tudo orgulho e ego. Portanto, como poderá modificar isso e livrar-se do orgulho? Mate-o!

VIRGEM NA NONA CASA – Essa combinação mostra a tendência de eliminar idéias e esforços antes mesmo de lhes dar uma justa oportunidade. É aqui que entra o perfeccionismo e o negativismo virginianos. "Não funcionaria; portanto, não tente." Para investir nas características positivas, primeiro deixe suas idéias fluírem livremente (Peixes na Terceira Casa) e, em seguida, separe-as, empreendendo a tarefa de analisar sua praticabilidade. Virgem ama o trabalho, e a Nona Casa representa o conhecimento; portanto, ponha-se a aprender tudo o que puder sobre o assunto, assim sentir-se-á mais confiante.

LIBRA NA DÉCIMA CASA – Essa combinação revela um traço comum, embora fútil, que contribui imensamente para o medo – o desejo de que todos os que vivem no mundo o amem. Sempre. Incondicionalmente. Muitos dos seus receios provêm desse medo de o barco jogar: "Não gostarão de mim se eu disser isso." Quer continuar sendo uma pessoa imobilizada, que pretende agradar à multidão? Tranqüilizar superiores combina com Libra na Décima Casa, mas Libra é o signo do equilíbrio; portanto, comece a modificar a situação considerando seus patrões e pais como iguais a você.

ESCORPIÃO NA DÉCIMA PRIMEIRA CASA – Aqui o medo se transforma em paranóia e desconfiança dos demais. Não lhes mostre suas fraquezas ou necessidades, o rumo dos seus pensamentos, ou isso LHES dará poder sobre você. No entanto, o medo guardado em segredo aumenta em força, ao passo que o medo revelado a amigos sinceros é transformado. Outro uso positivo para esse posicionamento é recorrer a um grupo de apoio ou a um grupo de auto-ajuda para vencer o medo que sente por certas coisas.

SAGITÁRIO NA DÉCIMA SEGUNDA CASA – Conforme a casa, algumas posições aumentam o medo. Sagitário na Décima Segunda Casa revela perda de fé ou de esperança – um esquecimento do sistema de apoio divino e de ajudantes espirituais. Têm-se dito que é a fé, é o medo que rezou suas orações. Ao contrário, o professor de metafísica Raymond Charles Barker costuma dizer que o medo foi a fé mal-empregada – a fé no negativo.

Outra interpretação dessa posição – combinada com Peixes na Terceira Casa – é que o medo surge quando ocultamos a verdade de nós mesmos ou dos outros, ou quando nos iludimos. Alguém (sem dúvida, Seth) disse que TODA DOENÇA É UMA TENTATIVA DE FUGIR DA VERDADE. Não há nada como uma consciência culpada para estimular a ansiedade. Um estudo psicológico demonstrou que as pessoas menos medrosas também são as mais honestas! Na maioria das vezes não se trata de uma mentira deslavada, mas apenas de alguns daqueles famosos exageros sagitarianos!

Quando sentir muito medo, verifique de que modo está ocultando a verdade de si mesmo ou dos outros. Transforme a sede sagitariana de conhecer as secretas fontes do medo ocultas na Décima Segunda Casa e comece a descobrir as causas subjacentes. A Décima Segunda Casa representa uma prisão e, nessa posição, Sagitário informa-o de que a liberdade está em contar a verdade!

Os Aspectos de Saturno e os Medos que eles Representam

A última parte deste capítulo contém os instrumentos destinados a vencer as barreiras, mas primeiro você precisa descobrir quais são. Para ajudá-lo a fazer um inventário, a seção seguinte descreve os temores típicos referentes aos posicionamentos de Saturno. Uma vez que o desejo de se libertar do medo é uma grande motivação, você notará sem dúvida que nos setores em que estão situados seus maiores temores você também conseguiu suas maiores realizações. Isso é especialmente verdadeiro depois do retorno de Saturno, entre os 27 e os 29 anos de idade, ocasião em que muitas pessoas se enjoam de se sentirem tolhidas e resolvem fazer algo a respeito. Com freqüência, as pessoas ultrapassam suas barreiras em outros pontos dos ciclos de Saturno, cujos aspectos-chave se formam a cada sete anos.

SATURNO EM ASPECTO COM MARTE EM ÁRIES, OU NA PRIMEIRA CASA – Existem dificuldades referentes à liderança, à competição, à raiva e à auto-afirmação; há medo de tomar a iniciativa e receio de que os líderes sejam tão rudes quanto o progenitor mais repressivo, em geral, o pai. Vê-se esse aspecto com freqüência nos casos de violência física ou verbal contra crianças. (É mais provável a violência verbal acontecer em signos de Ar.) Na pior das hipóteses, a pessoa sofreu devido a uma disciplina rígida demais. Ela tem medo de demonstrar raiva, com receio de repetir o mesmo comportamento brutal. Também existem as inibições relativas às atividades físicas ou sexuais, e à agressão que o corpo pode sofrer nos esportes violentos.

SATURNO EM TOURO OU NA SEGUNDA CASA – Provoca tensão em questões de dinheiro e nos negócios, deixando a sensação de que nunca se terá dinheiro suficiente, não importa o quanto a situação seja boa. Algumas vezes, essas pessoas crescem em condições de pobreza, mas esse posicionamento não significa que serão financeiramente limitadas durante toda a vida. Jacqueline Onassis tem esse aspecto. Essas pessoas têm medo de não alcançar o status que ambicionam a menos que tenham dinheiro e propriedades – equiparando-se aos ricaços como indicação do seu valor. Seus pais costumavam imaginar que acabariam no asilo, por isso lidavam com dinheiro de forma autoritária. Os filhos foram levados a pensar que não seriam capazes de ganhar seu sustento. A tensão leva à censura; sendo assim, não fazem o dinheiro circular e podem até mesmo tornar-se sovinas.

SATURNO EM ASPECTO COM MERCÚRIO, EM GÊMEOS, OU NA TERCEIRA CASA, OU CAPRICÓRNIO NA TERCEIRA – Esses aspectos manifestam-se como um complexo de inferioridade no que se refere a assuntos intelectuais, e pode ser disfarçado como uma atitude antiintelectual. Algumas vezes, esse aspecto se manifesta através da gagueira ou de dificuldade para pronunciar as palavras devido à tensão da comunicação ou ao medo de a pessoa não ser entendida. Essas pessoas tendem a exibir o nervosismo do ator ou o medo de falar em público, ou a manifestar tensão em comunicações escritas, que muitas vezes são entregues com atraso por causa da preocupação de não serem perfeitas. Pessoas com Saturno em Gêmeos têm um medo mortal do tédio; chegarão a extremos para evitá-lo, levando uma mala cheia de livros em sua viagem de férias.

SATURNO EM ASPECTO COM A LUA, NA QUARTA CASA, OU EM CÂNCER, ALGUMAS VEZES LUA EM CAPRICÓRNIO – Esse aspecto ocasiona uma acentuada insegurança que se manifesta num medroso apego ao lar, à família, à mãe, ou à comida, pois essas pessoas têm medo de que tudo isso lhes seja tirado. Elas podem ter sido criadas por um progenitor profundamente inseguro (em geral, a mãe) que transmitiu grande preocupação no que diz respeito à sobrevivência. É possível que tenha havido uma perda ou ameaça de perda no início da sua vida. As pessoas podem ater-se à tradição ou ao hábito por medo de mudar, de expressar suas emoções; por isso, o único sentimento seguro é a depressão. (O capítulo sobre a depressão pode ser útil.)

SATURNO EM ASPECTO COM O SOL OU EM LEÃO – Nota-se uma falta de confiança em si mesmo, a preocupação de não ser bom o suficiente, portanto o ego se atém ao desejo de ser perfeito. Essas pessoas não acreditam no próprio valor, a não ser que sejam bem-sucedidas e famosas; no entanto, também receiam que a atenção que despertam revele suas imperfeições. O resultado é o nervosismo de ator, a ansiedade diante da performance. Um dos pais, em geral o pai, era exigente e nunca ficava satisfeito. As pessoas têm medo do ridículo e da humilhação.

Com SATURNO NA QUINTA CASA, há preocupação em relação aos filhos, vistos como uma pesada responsabilidade. Verifica-se tensão demasiada quanto à necessidade de ser um pai perfeito e de transformar os filhos em seres perfeitos. Essas pessoas temem a criança interior; portanto também a auto-expressão criativa, que demanda tempo demais, afastando-as de atividades mais sérias, como as responsabilidades da carreira ou da família. Quando CEDEM ao esforço criativo, este tem de ser perfeito – a obra tem de ter qualidade digna de museu.

SATURNO EM VIRGEM OU NA SEXTA CASA, CAPRICÓRNIO NA SEXTA – Faz com que as pessoas tenham receio de não serem perfeitas no trabalho e perderem seus empregos. Elas receiam não ser bem-sucedidas no trabalho, ou não trabalhar com suficiente empenho. Para anular outras ansiedades, usam o trabalho de maneira compulsiva: podem ter tido pais críticos, com tendências semelhantes. Persistentemente preocupadas com a saúde, dietas – chegando mesmo à hipocondria –, e higiene, ou excessiva preocupação com a limpeza.

SATURNO EM ASPECTO COM VÊNUS, EM CAPRICÓRNIO OU NA SÉTIMA CASA, CAPRICÓRNIO NA SÉTIMA – Manifesta-se como um medo profundo de aproximação, pois essas pessoas acham que serão consideradas imperfeitas. Têm medo de serem abandonadas ou de perderem aqueles a quem amam; portanto, sentem-se ameaçadas por novos relacionamentos em potencial. O horror de uma possível rejeição e a crença de que esse relacionamento lhes trará muitas responsabilidades pode levá-las a fugir da entrega ou escolher apenas pessoas que não podem entregar-se a elas. Não se julgam suficientemente boas para serem amadas, a menos que tenham êxito. Assim que se estabelecem, ficam preocupadas com o fato de não serem amadas pelo que são, mas de estarem sendo usadas devido ao seu *status*.

SATURNO EM ASPECTO COM PLUTÃO, EM ESCORPIÃO, OU COM A OITAVA CASA – Personagens extremamente opressivas e mesmo excessivamente autoritárias deixaram essas pessoas com medo do poder e da dominação. Elas sentem que, para sobreviver, têm de ser donas de si mesmas, e nunca deixar ninguém assumir o controle. Da mesma forma, temem perder o controle através da sexualidade, que lhe consome bastante energia, e estão convencidas de que a vulnerabilidade emocional permitirá que os outros as manipulem. A gravidez e o parto podem ser considerados um risco de vida. A morte de um dos pais, ou uma doença que tenha envolvido risco de vida pode ter assustado tanto essas pessoas que elas passam a vida com medo de morrer.

SATURNO EM ASPECTO COM JÚPITER OU NA NONA CASA, SATURNO EM SAGITÁRIO – Um complexo de inferioridade devido à educação e à ausência de estudos superiores leva ao medo de estudar. Essa pessoa pode tentar compensar isso, tornando-se um especialista ou um erudito; podem ter medo de ter esperança, como a expressão judaica *kine hora* – se não ficarem na expectativa não serão tão vulneráveis ao mau-olhado ou ao destino. Têm medo de assumir riscos; só assumem riscos calculados e apostam nos dois lados.

SATURNO EM ASPECTO COM O MEIO-DO-CÉU, EM CAPRICÓRNIO OU NA DÉCIMA CASA – Surge como uma grande preocupação com a carreira, o trabalho, a atuação e o sucesso. O medo de um patriarca que exigiu nada menos do que a perfeição resulta no medo dos patrões e de outras autoridades. Essas pessoas têm padrões extremamente elevados; portanto, o medo de fracassar pode imobilizá-las. Elas também receiam em igual proporção o sucesso, devido às responsabilidades que ele implica.

SATURNO EM ASPECTO COM URANO, NA DÉCIMA PRIMEIRA CASA OU COM AQUÁRIO – Acarreta medo de expressar a individualidade. Essas pessoas ficam em cima do muro – radicais *versus* conservadores. Têm medo de demonstrar sua individualidade receando sofrer as conseqüências por serem diferentes. Temem não caber em nenhum lugar se sua verdadeira personalidade for revelada. Têm medo de perder sua liberdade, e no entanto receiam ser livres, visto que a liberdade não lhes dá estrutura nenhuma.

Com Saturno na Décima Primeira Casa, pode ter havido dificuldades com o grupo de iguais, no qual eles eram velhos demais para a sua idade, não sendo, portanto, populares. Como adultos, esse legado deixa-os tímidos no que se refere à sociabilidade, pois acreditam que não serão aceitos, Têm medo de perder os poucos amigos que conquistaram e fazem qualquer coisa para mantê-los. Em grupos, mostram sua insegurança e timidez, uma vez que temem perder sua individualidade.

SATURNO EM ASPECTO COM NETUNO, EM PEIXES, OU NA DÉCIMA SEGUNDA CASA OU NETUNO NA DÉCIMA – Há uma grande confusão entre a realidade e a fantasia, o que leva a ansiedades e preocupações com coisas que não são reais. Muitas vezes, um dos pais era alcoólatra, emocionalmente desajustado ou doente crônico. Os filhos viveram com reais preocupações quanto à sobrevivência, e tiveram de agir como adultos em uma situação aterradoramente incerta. Como adultos, ainda se sentem confusos e temerosos, sobretudo de assumir responsabilidades que consideram não estar à sua altura, visto que tiveram deveres esmagadores quando ainda eram jovens demais. Podem ser exigentes ao extremo, exatamente para manter controle sobre as coisas, ou podem ser dados à bebida ou a tomar drogas para aliviar a ansiedade. Tendem a preocupar-se com a possibilidade de "perder a cabeça". Há medo da manifestação de poderes psíquicos ou de serem engolidos numa busca espiritual que os desequilibre. Este aspecto desarmônico melhora depois do retorno de Saturno, quando este tiver um peso maior do que Netuno.

A Crise da Cura da Ansiedade

A parte que vem a seguir contém os instrumentos de cura que você pode usar para superar os obstáculos. Há algumas coisas de que deve se lembrar. Primeiro, como discutimos no início do capítulo, o medo tem uma função útil. Ele existiu para protegê-lo em alguma etapa do seu crescimento; portanto, agradeça à parte do medo que o criou. Tenha um diálogo com o medo, a fim de descobrir porque ele existiu e quais os motivos pelos quais ele ainda permanece. (O trabalho de balanço que se segue o ajudará a descobrir esses motivos.) Reconheça a existência de coisas de que tem medo e das quais ainda DEVE ter medo. Seja compassivo consigo mesmo; não tente derrubar uma barreira que existe para a sua proteção. Reconheça também que a ansiedade muitas vezes é simultânea ao crescimento, que a energia liberada no processo do crescimento pode ser definida como medo. Aceite-a como um subproduto do crescimento, e conserve-a, visto que faz parte do crescimento.

Num capítulo anterior, falamos sobre a crise de cura que muitas vezes acontece quando se lida com uma área problemática. Especificamente, mexer com seus temores pode trazê-los à tona por algum tempo; portanto, durante alguns dias, você tende a se sentir mais receoso do que nunca. Você vive a experiência de uma catarse que pode ajudá-lo a eliminar o medo e fazê-lo seguir em frente. Com Peixes na Terceira Casa, o medo é uma grande ilusão; portanto, padrões de raciocínio vêm à tona para você observá-los e ver como são irracionais, em vez de permitir que eles o imobilizem. Em particular, o NEGATIVISMO dos seus pensamentos tende a atingir novas alturas. "Isso não dará certo. Não posso. Sempre serei um fracasso." Esteja consciente desses pensamentos, mas não invista neles. Em vez disso, substitua-os imediatamente por afirmações positivas. A reação de luta ou de fuga que surge para mobilizá-lo para a ação está surgindo, mas você tem a oportunidade de fazer uma nova escolha: lutar em vez de fugir.

Reconheça que parte do "medo" que está sentindo, é na verdade EXCITAÇÃO. Medo e excitação são aposentos contíguos na roda das emoções e muitas vezes os confundimos porque não sabemos lidar com a excitação. Quando tentar algo novo e sentir medo, faça a você mesmo esta pergunta: "Quanto deste sentimento na verdade é excitação?" Veja como é excitante controlar-se e continuar em frente.

Inventário dos Medos

Elabore uma lista das coisas que você deseja fazer, mas é impedido pelo medo. Organize um inventário dos traços característicos que fazem parte desses medos – orgulho, passividade, vontade de agradar aos outros, desejo de sentir que está no controle da situação durante todo o tempo, ou a rigidez. Faça a si mesmo as seguintes perguntas. Escrevê-las pode levá-lo a obter clareza, discernimentos surpreendentes e uma indicação de como proceder.

Qual dessas afirmações é verdadeira? Não posso fazê-lo ou NÃO O FAREI? Que proveito me traz o fato de não ser capaz? Por exemplo: isso me torna dependente dos outros ou me dá o direito de receber mais cuidados ou atenção?

Que imagem falsa a respeito de mim mesmo ou das minhas capacidades estou tentando manter? Como a expectativa de sempre querer estar com tudo sob controle me impede de tentar algo novo? Acaso terei medo de que esperem que eu aja com perfeição durante todo o tempo?

O que eu acho que posso perder se tentar? Como a idéia de que nada que seja real pode ser ameaçado aplica-se a essa situação?

Do que tenho medo, se fizer isto?

Que temores meus pais ou outros adultos de relevância tinham a respeito desse mesmo assunto? Que medos eles projetaram sobre mim?

Ao reconhecer que esse medo foi oportuno e me protegeu em algum estágio, a qual finalidade ele serviu anteriormente? De que forma mudei, visto que agora posso fazer isto com mais segurança?

Tentei fazê-lo quando era mais jovem e fracassei? Se este foi o caso, o crescimento e a experiência posteriores me prepararam para ser bem-sucedido agora?

Que novas habilidades ou informações seriam necessárias para fazer isto com êxito? Existem cursos ou livros que me possam ensinar?

Conheço alguém que possa me ensinar como fazer isto? Com que apoio dos amigos ou dos grupos a que pertenço posso contar?

O orgulho estará impedindo que eu siga o meu caminho, fazendo com que eu relute em procurar ajuda? Acaso estarei com medo de parecer um tolo?

Estarei me bloqueando ao insistir que não tenho de aprender e, em vez disso, preciso ser perfeito na primeira tentativa?

Estou zangado com alguma coisa relacionada com a situação, bem lá no âmago do meu ser? O que temo que aconteça se eu revelar meus sentimentos?

Visualizações e Afirmações para Saturno

Assim que você tiver usado o inventário acima para descobrir de onde vêm os seus temores, as visualizações e as afirmações têm uma importância toda especial para vencer o negativismo de Saturno. Os padrões formados nas áreas saturninas da vida são especificamente difíceis de mudar, tendo-se em vista a obstinação de Saturno. Pensamentos cristalizados requerem uma repadronização disciplinada. Algumas afirmações gerais estão impressas aqui, mas você pode adaptá-las para os seus próprios fins. Formule afirmações para vencer os seus medos específicos. Lembre-se de dizer toda a frase só em termos positivos, uma vez que afirmações negativas (as que incluem não, ou não faça) só terminam por fazer seu subconsciente lembrar-se do medo.

Elabore visualizações mentais para coisas determinadas que o medo o impede de realizar. Imagine-se passando por uma das situações que quer tentar. Divida-a em pequenas etapas e veja-se sendo bem-sucedido em cada uma delas. Por exemplo, se sempre desejou pintar, imagine-se matriculando-se num curso de pintura, assistindo a aulas e trabalhando num quadro, completando-o. Veja-o pendurado na parede, com uma bela moldura, e veja seus amigos e sua família dando-lhe os parabéns. Repita diariamente essa mentalização, até sentir que as impossibilidades desapareceram e você está progredindo.

Afirmações para Vencer o Medo

As causas dos meus temores me são reveladas junto com as soluções.

Progrido segundo o meu ritmo.

Substituo o medo pela confiança em minha habilidade para crescer.

Trato de mim mesmo de forma gentil na medida em que ultrapasso meus temores.

O apoio de que necessito para seguir em frente está à minha disposição.

Aceito meus erros como parte do processo de aprendizado.

Aceito o sucesso desta tarefa como direito meu.

O Fracasso Deliberado como um Instrumento de Cura

O terror de cometer erros estava atormentando um menino a quem chamaremos de Kevin, uma criança inteligente e atraente de sete anos confiada aos meus cuidados na clínica psiquiátrica. Embora fosse a criança mais esperta da classe e considerada uma enciclopédia ambulante, Kevin sentia pânico cada vez que o professor iniciava uma nova lição. Ele se atirava ao chão, chorando como um bebê. Obviamente, com sete anos, estava tendo uma quadratura de Saturno na sua posição original; ele mesmo me deu uma pista a respeito ao fazer um desenho do planeta Saturno para mim. Não tive como descobrir a hora do seu nascimento, mas ele havia nascido em 29 de abril de 1974 e seu mapa solar é mostrado aqui como o Mapa 1. Ele tem uma conjunção entre Marte e Saturno no instável signo de Câncer, em quadratura com Plutão em Libra. Com essa combinação, verifica-se um tremendo medo do fracasso, junto com a crença de que isso pode provocar a perda do amor de sua mãe.

A estratégia que usei para refrear o medo de Kevin em relação ao fracasso foi fazê-lo fracassar deliberadamente. Toda semana eu elaborava um teste com material muito simples, mas a única maneira de ele obter uma nota A seria conseguir 100% de respostas erradas. Preparavamo-nos para o teste batendo ritmicamente as mãos e cantando: "Não preciso ser perfeito. Não há nada de mais eu cometer um erro." Então eu corrigia o teste com severidade, balançando a cabeça e fazendo grandes anotações vermelhas sobre cada uma das respostas erradas, enquanto ele ria, disfarçadamente satisfeito. Eu exibia com orgulho os erros que ele havia cometido, na parede do meu escritório. Depois de alguns meses, Kevin não teve mais acessos de cólera na classe e estava muito mais descontraído.

Embora tivesse chegado intuitivamente à solução, ela foi homeopática – usar o fracasso para curar o medo do fracasso. Talvez você possa adaptar a mesma idéia para vencer alguns dos seus medos pessoais. Isso ajuda sobretudo no caso do medo de parecer ridículo se falhar ou cometer um erro. O pior já aconteceu; portanto, você pode ir em frente e tentar.

Cromoterapia para Saturno

Um estudo feito na universidade comprovou que o azul é uma cor que acalma, portanto, os psicólogos que usam a cor confirmam a

Mapa 1

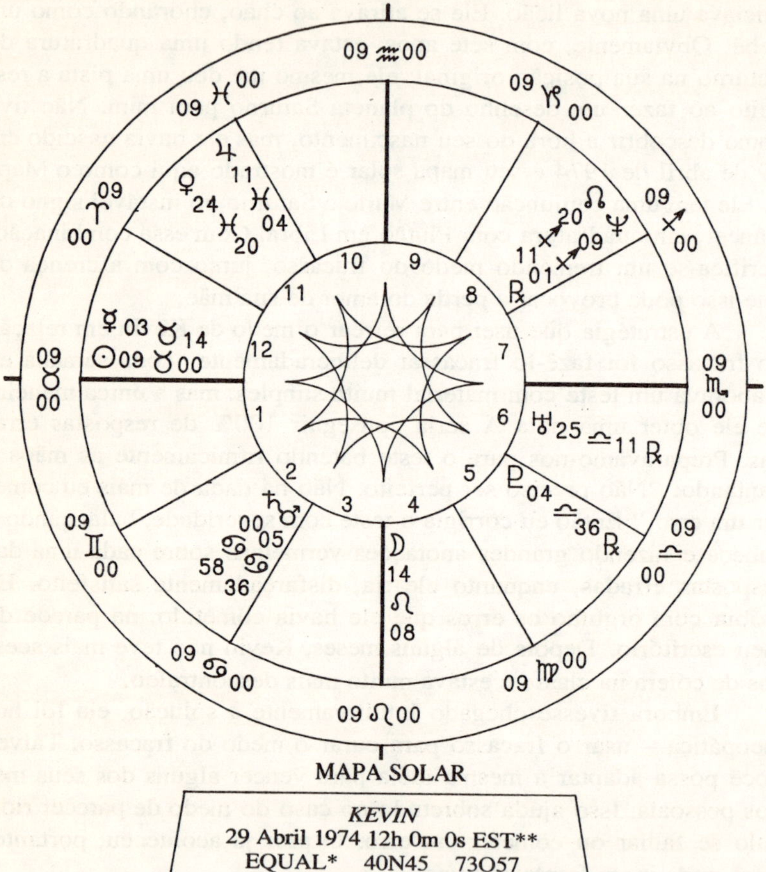

MAPA SOLAR

KEVIN
29 Abril 1974 12h 0m 0s EST**
EQUAL* 40N45 73O57

* Sistema de casas.
** EST = Eastern Standart Time: Horário Padrão Leste

veracidade do ensinamento ocultista de que o azul é a cor da clareza, atuante para vencer o medo. Lembre-se de que Peixes está na Terceira Casa do mapa com Capricórnio no Ascendente, mostrando que o desconhecido e o misterioso é que despertam mais medo, e que o medo muitas vezes é uma ilusão e uma confusão mental. Você pode manter-se calmo trabalhando com a luz azul no nível interior – bem como usando roupa azul, cercando-se de paredes ou tapeçarias azuis, ou mesmo usando lâmpadas azuis. Beber água solarizada azul (água que foi exposta à luz solar durante um dia num recipiente de vidro azul) também é tranqüilizante. A meditação que se segue ajuda a clarear e a concentrar a mente quando você estiver com medo. A luz azul interior mais útil é o azul-cobalto, semelhante à do pote de Vick Vaporub. . .

Exercício para o Alívio da Ansiedade

Crie uma bolha de luz azul ao seu redor, e encha o seu corpo com ela.

Coloque uma bola de fogo profundamente azul no seu plexo solar; deixe-a girar um pouco ali a fim de queimar a falta de autoconfiança. Em seguida, deixe que ela se espalhe por todo o seu corpo, sobretudo pelo cérebro.

Sinta que todo o seu corpo e os seus chacras estão se derretendo. Eles se derretem e se tornam uma poça azul no fundo da sua bolha.

Olhe para esse poço azul e, gradativamente, deixe que seu Self se torne tão tranqüilo quanto ele.

Quando se sentir calmo outra vez, dissolva a bolha.

Rosários Saturninos e os Medos que Podem Curar

No capítulo sobre instrumentos de cura descrevemos cânticos e rosários para aspectos desarmônicos. Esses instrumentos são especialmente úteis para curar o medo, porque a repetição dos cânticos acalma o raciocínio obsessivo e ajuda a acalmá-lo e a sua concentração. A tabela a seguir mostra como construir rosários para vários aspectos de Saturno, quais cânticos serão apropriados e a que medos se contrapõem, embora a lista não seja exaustiva. Lembre-se de que você não pode usar um rosário a menos que dois planetas estejam unidos no seu mapa, mesmo que seja apenas pela posição da casa. (Por exemplo, Saturno na Décima Segunda ou em Peixes seria semelhante a um aspecto Saturno/Netuno.)

Rosários Saturninos e os Medos que eles Aliviam

Aspecto	Padrão da Conta	Cântico	Medos que Curam
SATURNO/ SOL	VERMELHA	OH HAY YAH	complexo de inferioridade
	VERMELHA MARROM	OH HAY YAH DAH TI KAH	que você não é suficientemente bom; medo da auto-expressão
SATURNO/ LUA	BRANCA BRANCA MARROM	SI IDRIAH SI IDRIAH DAH TI KAH	que o lar, a comida ou as raízes serão esmagadas; insegurança; medo de expressar emoções
SATURNO/ MERCÚRIO	PÚRPURA PÚRPURA MARROM	OH HI TI NAH OH HI TI NAH DAH TI KAH	de falar ou escrever; da escola e dos testes; da inferioridade intelectual

Rosários Saturninos e os Medos que eles Aliviam (Continuação)

Aspecto	Padrão da Conta	Cântico	Medos que Curam
SATURNO/ VÊNUS	VERDE VERDE MARROM	NAH TI NAH NAH TI NAH DAH TI KAH	de proximidade e intimidade; da perda do amor; de não ser atraente
SATURNO/ MARTE	PRETO PRETO MARROM	NAY ZI DAY HOH HI MAH NAY ZI DAY HOH HI MAH DAH TI KAH	da raiva, da competição; de agir; da sexualidade
SATURNO/ JÚPITER	AMARELO AMARELO MARROM	HI SU MAI YOH HI SU MAI YOH DAH TI KAH	de fracassar nos estudos; da inferioridade intelectual; da falta de fé
SATURNO/ URANO	MARROM MARROM PRATA	DAH TI KAH DAH TI KAH AH MITRIAH	de ser compelido a se conformar; da autoridade; de ser diferente
SATURNO/ NETUNO	MARROM MARROM MENTA	DAH TI KAH DAH TI KAH OH MYS	da experiência espiritual e psíquica; de ficar louco; da doença ou miséria
SATURNO/ PLUTÃO	MARROM MARROM NATURAL	DAH TI KAH DAH TI KAH TI OH	SOMENTE da sua própria morte ou da de outra pessoa; das experiências mediúnicas

Remédios Florais para o Medo

Os remédios do dr. Bach foram desenvolvidos por volta de 1930, no clima de medo relacionado com a Grande Depressão; portanto existem remédios para um amplo espectro de medos. A FAIA PRETA é boa para a ansiedade de origem desconhecida, enquanto o MÍMULO serve para o medo de algo específico. Ele também ajuda a combater a timidez em geral. O LARIÇO serve para as pessoas que temem o fracasso e que por isso hesitam em tentar. A ROSA SILVESTRE, um ingrediente usado como remédio de salvação, serve para o pânico e o terror. Seu uso é muito bem-sucedido contra o nervosismo dos atores e contra o pânico que antecede os exames. Em qualquer crise, você pode valer-se do REMÉDIO DE SALVAÇÃO, que se encontra em muitas farmácias, mesmo naquelas que não têm toda a série de remédios florais do dr. Bach. O CASTANHEIRO BRANCO é útil no caso de pensamentos e de preocupações indesejáveis persistentes. Dentre os remédios mais modernos, o BORAGEM destina-se à temeridade, enquanto o ALHO serve para liberar medos, inseguranças e o nervosismo como o que acomete os atores antes de subirem no palco.

Você não deve usar mais que dois ou três concentrados por vez, pois os sentimentos que vêm à tona podem ser intensos demais e anulam o seu efeito. Quando preparar esses remédios, imagine que uma energia luminosa azul brota do seu Eu Superior, fluindo através do centro do coração e através das mãos, e carregando a água do frasco de energia. Visualize claramente cada uma das gotas de água brilhando com luz azul. Se tiver um minúsculo fragmento de cristal de quartzo – que é associado a Saturno – para colocar no frasco, ou um pedaço maior para colocar perto dele, isso ampliará o efeito das gotas. A água solarizada azul pode ser uma excelente opção de uso na diluição dos concentrados medicinais. Use afirmações de Saturno ou uma visualização saturnina cada vez que forem tomados.

Cura Relâmpago de uma Semana para um Medo Específico

Se você estava pronto para lidar com um medo ou com algo que desejou fazer, mas sentiu-se bloqueado, reserve sete dias para tratar intensivamente do assunto. Sete é o número de Saturno e, numa semana, você pode fazer um progresso considerável na remoção do bloqueio. O dia mais indicado para os seus esforços chegarem ao máximo deve ser o sábado (dia de Saturno); portanto, comece num domingo. Se souber como, calcule o horário em que Saturno estará em ascensão, domiciliado ou em queda. Estimulando o trabalho com um trânsito específico de Saturno relacionado com essa área da vida, você intensificará o processo – mas se esperar até que o trânsito PERFEITO aconteça, causará uma demora desnecessária. Se for um principiante no estudo da Astrologia e não souber quando os tempos sugeridos estarão ativos, vá em frente e comece, em vez de ficar adiando.

Você pode tomar alguns remédios florais, especialmente o MÍMULO e a ROSA SILVESTRE. Tome o remédio diluído quatro vezes por dia, de preferência antes das meditações ou de escrever o seu balanço. Elabore um relatório escrito, fazendo a si mesmo as perguntas que listou antes e quaisquer outras que lhe ocorrerem, enchendo previamente o seu cérebro com luz azul. Estabeleça um plano concreto, a começar pela tarefa de análise, dividindo o empreendimento em etapas e objetivos específicos. Estabeleça datas ou prazos finais para realizar esses objetivos.

Vá a uma biblioteca ou livraria e compre livros do tipo "ajude-se a si mesmo" sobre o assunto. LEIA-OS! Se houver fitas gravadas de meditação ou gravações com instruções subliminares, compre-as e use-as todos os dias. Faça ao menos uma das meditações acima mencionadas por dia, junto com as visualizações e as afirmações designadas especificamente para esse intento. Use tanta cor azul quanto possível; talvez possa comprar algo novo nessa cor para vestir. Use ou segure uma pedra de Saturno, cante os cânticos saturninos e faça um rosário para seu uso pessoal.

Bibliografia de Livros Úteis sobre o Medo e a Ansiedade

Dra. Helen DeRosis, *Women and Anxiety* (As mulheres e a ansiedade), Nova York, Dell, 1981.

Autora também de outro livro sobre o outro problema relacionado com Saturno, a depressão. De Rosis focaliza os medos e o entendimento prático para vencer esse estado mental de incapacidade.

Albert Ellis, Ph.D. e William Knaus, E.D., *Overcoming Procrastination* (Vencendo a procrastinação), Nova York, Signet Books, 1986.

Uma das principais barreiras para a realização dos objetivos é a procrastinação, que provém do medo e do desejo de perfeição. Métodos para vencê-la.

Dr. Frederick Neumann, *Fighting Fear* (Combatendo o medo), Nova York, Bantam, 1986.

Um programa para oito semanas de tratamento destinado à cura dos seus medos e fobias, com algumas idéias valiosas sobre sua procedência.

Dr. Theodore Isaac Rubin, *Reconciliations: Inner Peace in an Age of Anxiety* (Reconciliações: paz interior numa era de ansiedade), Nova York, Berkeley Publications, 1983.

Um dos excelentes livros sobre auto-ajuda do dr. Rubin, este explica os meios de resolvermos a ansiedade e o torvelinho que experimentamos vivendo na sociedade moderna.

Dr. Leon Tec, *The Fear of Success* (O medo do sucesso), Nova York, Signet, 1986.

Uma análise da origem do medo do sucesso e dos meios para vencer essas barreiras que nós mesmos criamos.

Capítulo V

COMO VENCER A MELANCOLIA: VISLUMBRES ASTROLÓGICOS DA DEPRESSÃO

A depressão – aquela visita inoportuna que vem para jantar e acaba ficando para dormir – é um sério problema mental de saúde. É tão comum como o resfriado e, no entanto, pode durar meses, ou mesmo anos. Em suas formas mais graves, destrói a vida, a saúde e a felicidade. Outros problemas sérios, como o alcoolismo e a compulsão exagerada ao trabalho, podem ser tentativas disfarçadas para enfrentar uma depressão crônica. Os astrólogos ligam a depressão ao planeta Saturno. Se observarmos as qualidades relacionadas com Saturno e com o círculo com Capricórnio no Ascendente, entenderemos um pouco melhor as causas dessa enfermidade, e também teremos algumas idéias sobre como aliviá-la através do princípio homeopático. Serão indicados os remédios florais ou outros métodos naturais de cura.

Como Descobrir se Você Está Seriamente Deprimido

Os sintomas da depressão clínica são descritos em vários textos psiquiátricos, adequando-se surpreendentemente bem ao círculo com Capricórnio no Ascendente. Com Capricórnio na Primeira Casa, a aparência é melancólica. Aquário na Segunda Casa confirma que a reação muitas vezes é estimulada pela perda de algo valioso; contudo, pessoas deprimidas também acham que as coisas que foram importantes em determinada ocasião deixaram de ter significado. Peixes na Terceira Casa mostra que essas pessoas se sentem confusas, estão desiludidas e sentem autocomiseração. Elas se escondem dos outros, não querem comunicar-se. Na verdade, não há palavras para explicar o que elas sentem. Elas podem beber, comer demais e usar drogas a fim de anestesiar os pensamentos dolorosos. Áries na Quarta Casa continua com o bem conhecido princípio de que, subjacente a tudo e impregnando tudo, está a raiva. Com Touro na Quinta Casa, gastar demais pode tornar-se um meio de compensar as perdas. (Quando as coisas se tornam turbulentas, o turbulento vai às compras.)

Com Gêmeos na Sexta Casa, a condição mental é tão intensa que a concentração no trabalho fica difícil ou, ao contrário, a pessoa pode trabalhar compulsivamente para manter a loucura sob controle. O indivíduo tende a tornar-se hipocondríaco ou a ficar obcecado com a saúde. Resfriados, pneumonia ou problemas pulmonares são sintomas metafísicos de uma tristeza profunda. Câncer na Sétima Casa revela tendência para retroceder, tornando-se dependente. Leão na Oitava Casa pode ser autodestrutivo e manifestar-se como um desejo dramático de morrer. Como seria de se esperar com Virgem na Nona Casa, há perda de fé e um exame crítico das antigas crenças. Deus mostra-se imperfeito.

Libra na Décima Casa mostra que a pessoa está imobilizada e indecisa quanto aos seus objetivos. A manifestação de Escorpião na Décima Primeira Casa é de busca do isolamento e um sentimento de se estar completamente só, acompanhado pelo ressentimento contra as pessoas que já foram íntimas, que não estão enfrentando um problema igual e que não as compreendem. Com Sagitário na Décima Segunda Casa, foram-se a esperança, a alegria e a fé, e a pessoa pode permitir-se cometer excessos no intuito de escapar à dor.

Características Negativas de Saturno e o Tipo de Contribuição que Oferecem

Assim como as expressões negativas ou exageradas de Saturno contribuem para o medo, veremos que também representam um papel no desenvolvimento da depressão. Isso é verdadeiro para as pessoas que sofrem de depressão crônica, bem como para aquelas cujo Saturno forte no mapa natal lhes dá a tendência à depressão; isso também é verdade no caso das pessoas que estão passando por um período de depressão como reação a algum evento específico ou a um trânsito de Saturno.

PERFECCIONISMO – Uma atitude comum de pessoas saturninas é a exigência de perfeição, bem como a nossa no que se refere às áreas tocadas por Saturno no nosso mapa. No seu excelente livro, *The Book of Hope* (O livro da esperança), a dra. Helen DeRosis diz que as pessoas com tendência à depressão se alternam entre uma personalidade perfeita e outra desprezível. Essas pessoas sentem que têm de ser perfeitas em tudo durante todo o tempo, senão serão desprezíveis, horrorosas; não serão nada. Em algum ponto do percurso, a preocupação saturnina por qualidade se perverte num instrumento de autoflagelação. Ao desejo por excelência, o perfeccionista adicionou os elementos negativos da compulsividade, da rigidez e da intolerância. Os que estão aflitos com a depressão podem obter benefícios lendo o livro da dra. Helen DeRosis, que contém muitas sugestões úteis para livrar-se dessa síndrome.

ANSIEDADE – DeRosis vê a depressão como um vício, cujo primeiro propósito é aliviar a ansiedade (outro problema saturnino). A ansiedade, por sua vez, surge dos nossos padrões perfeccionistas, impossíveis de atender. Use os instrumentos especificados no capítulo sobre o medo para ajudá-lo a identificar e transcender o medo e as limitações que o deixam deprimido.

AMBIÇÃO – Um capricorniano sem ter para onde ir é um infeliz. Todos cultivamos ambições nos setores em que temos Saturno ou Capricórnio e ficamos deprimidos quando não chegamos a lugar nenhum, sofrendo um retrocesso em nossas esperanças e planos. A pessoa excessivamente saturnina, entretanto, baseia seu valor pessoal em seus empreendimentos, por isso logo passa a odiar a si mesma quando não consegue realizar seus planos.

Um garoto duplamente capricorniano sofria de grave dislexia e já estava gravemente deprimido com a idade de oito anos. Já havia absorvido muitas informações da televisão sobre sucesso e influência, e sabia que sua incapacidade para a leitura, combinada com a pobreza da sua família, além da falta de facilidades para se tratar da sua doença na região em que morava, significavam perspectivas limitadas de vida. Seu horóscopo é apresentado aqui como Mapa 2 para os estudantes de astrologia que desejarem aprender algo mais sobre dislexia e depressão. A conjunção do Sol, da Lua e de Mercúrio em Capricórnio na Oitava Casa coincide com a depressão do garoto, que por ocasião da adolescência piorou até aprofundar-se no desejo de morrer. A indicação da dislexia parece ser o quincunce de Mercúrio com seu Ascendente em Gêmeos, que é regido por Mercúrio, bem como as quadraturas de Plutão e Quíron com o Ascendente.

A Própria Depressão é um Processo de Cura

No começo deste livro dissemos que, de acordo com os princípios da homeopatia, os sintomas constituem um sinal de saúde, as tentativas que o corpo faz para mobilizar suas defesas e se curar. A depressão é a exigência bioquímica do corpo por tempo para descansar e recuperar-se. A meditação transcendental tem sido muito recomendada para estimular a habilidade natural de o corpo se recuperar, fornecendo o descanso de que ele necessita para repor os recursos químicos gastos com o medo, a raiva, e a tensão crônica excessiva.

Dentro dessa estrutura, a depressão pode ser considerada como um processo de cura, um ciclo, que consiste na reação natural diante de uma perda. Nesses casos, nos referimos a ela como depressão reativa. Se você consentir em lamentar uma perda e concordar em passar por todo o processo de luto, não terá de ficar chorando durante longos períodos de tempo. O livro *The Secret Strength of Depression* (A força secreta da depressão), arrolado na bibliografia, discute em profundidade o modo como o fato de você manifestar sua tristeza depois de uma perda pode livrá-lo da depressão crônica.

A tristeza geralmente é uma reação ao fato de se ter de enfrentar a realidade, especialmente a realidade de nossas próprias limitações. Ela chega junto com aquelas colisões frontais com o plano material a que estamos sujeitos de tempos em tempos com os trânsitos de Saturno. Muitas coisas relativas à realidade SÃO tristes, e sentir essa tristeza é parte importante da resolução do problema. Através desses confrontos nos tornamos um pouco mais espertos – mais tristes, porém mais sábios.

Saturno é um marcador de tempo, mas não precisa ser deprimente, a não ser que você esteja apenas com medo da passagem do tempo. O ciclo de Saturno representa o processo de envelhecimento, no qual somos confrontados com as limitações que o tempo e a idade colocam em nossas esperanças juvenis e no nosso idealismo. Saturno faz você enfrentar o fato de que o tempo está passando, de que você está ficando mais velho, mas isso pode ser bom. Pode tratar-se de um estimulante que o traga de volta à Terra e o faça ver que, se quer concretizar alguma coisa, é melhor entrar em ação. A depressão é o estímulo que o mobiliza para começar a trabalhar.

Para entender o processo e ajudá-lo a se desenvolver, comece pelo Ascendente e percorra todo o mapa. Muitos de nós estagnam na Terceira Casa – Peixes – porque ficamos com medo de ter raiva e achamos mais confortável nos anestesiarmos. Com Áries na Quarta Casa, chegar ao fundo e ficar com raiva é o que, em última análise, nos faz entrar em ação, mas a ação não pode ser empreendida enquanto a tristeza não tiver sido totalmente manifestada. Se você tem um problema de depressão, estude o seu mapa natal para aprender mais sobre os setores em que se sentiu bloqueado. As casas em que as pessoas costumam ficar presas, dependem da ênfase das casas do mapa natal, especificamente, da localização de Saturno.

Saturno e o Fenômeno do Abatimento

Estivemos falando sobre a depressão proveniente de objetivos bloqueados ou do confronto com as limitações realistas. No entanto, há outro tipo de depressão que os psicólogos denominam de fenômeno do abatimento. Você se dedicou com afinco à realização de um objetivo, e quando o grande dia da realização passou, você se

Mapa 2

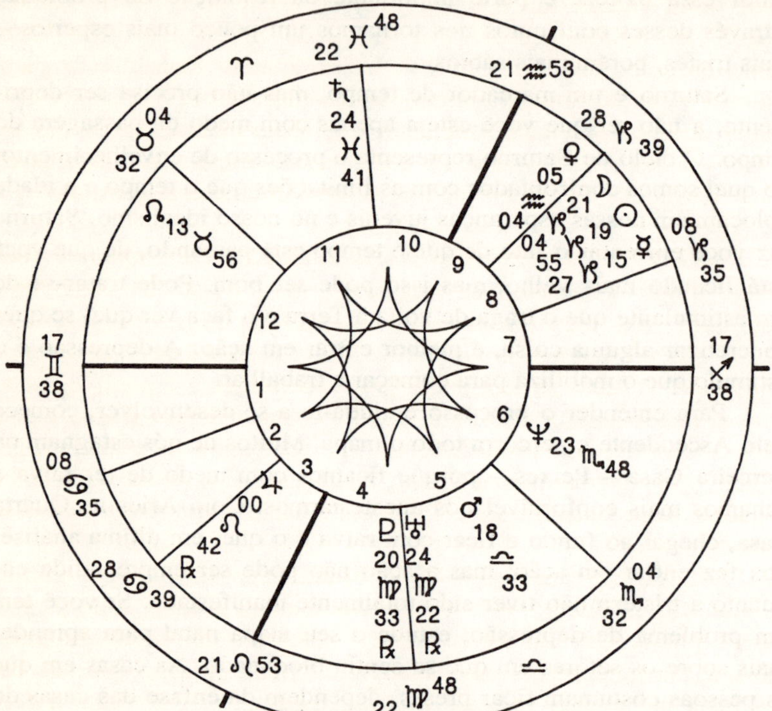

MAPA NATAL

Disléxico Deprimido
10 Jan. 1967 14h 25m 0s CST*
PLACIDUS** 41N59 91O40

* CST = Central Standart Time: Horário Padrão Central
** Placidus = Sistema de casas

sente subitamente deprimido. Essa é uma reação comum, quer a meta alcançada tenha sido obter um diploma do colégio, quer seja a realização de um jantar oferecido a todos os seus amigos. O abatimento pode durar alguns dias apenas, ou pode tornar-se tão sério como a reação que muitas pessoas têm depois de um sucesso importante, como escrever um livro. Muitas vezes, quanto mais alto o pico, maior é a queda. Somos criaturas muito engraçadas, não somos? Ficamos deprimidos quando falhamos e também quando somos um sucesso! Mas qual o sentido dessa queda brusca depois de um sucesso? Ela corresponde ao número de traços saturninos que já abordamos.

OBJETIVOS OU CARÊNCIA DE OBJETIVOS – Quando você deseja atingir uma meta, sua vida tem sentido. Existe um rumo, uma finalidade, uma estrutura ao redor da qual tudo o mais é organizado. Assim que você atinge a meta, pode haver uma sensação de falta de finalidade. Quando se tem um objetivo, pelo menos é possível canalizar o impulso saturnino para alguma coisa. Quando já não existe mais esse objetivo, não há nada em que você tenha de trabalhar, nada que o impulsione para a frente. Trata-se de uma perda semelhante à que se sente quando alguém a quem amamos desaparece da nossa vida.

Saturno e o seu signo, Capricórnio, têm certa ligação com as montanhas, e, quando você finalmente alcança o topo, todo o resto parece plano. Quando Elvis Presley – que era um capricorniano – morreu, um repórter de rádio anunciou: "Bem, eu acho que não havia mais montanhas que ele pudesse escalar." Elvis tinha o Sol, Mercúrio e a Lua em Capricórnio, bem como uma conjunção de Saturno com a sua Lua; portanto, pode-se adivinhar que os excessos que cometeu durante toda a sua vida foram ocasionados por uma tentativa de fugir à depressão.[2]

Um remédio para o vazio criado pela perda de um objetivo é ter outro projeto aguardando nos bastidores, de preferência um que traga prazer e seja profissionalmente satisfatório. Quando estiver trabalhando no projeto original, mantenha o próximo em mente. Junte informações relacionadas com ele, anote as idéias que tiver enquanto trabalha, e comece a colecionar o material necessário. Desta maneira, seu próximo projeto começará a tomar forma antes mesmo que você termine o primeiro. Depois do seu grande êxito, pode tirar alguns dias de folga para descansar e desfrutar da sua realização, sabendo que ainda tem algo em que gastar toda a sua energia para o trabalho.

O "PAIZÃO" ESTÁ MORTO – Uma das minhas amigas, que tem a Lua em Capricórnio e Saturno na Primeira Casa, ficou profundamente deprimida quando recebeu o seu Ph.D. Ao alcançar essa meta, almejada durante toda a sua vida, ela ultrapassou a própria mãe que tinha apenas um diploma do curso colegial. Saturno se relaciona com figuras investidas de poder, e um dos problemas de se chegar ao alto da montanha é que você tem de ultrapassar uma porção de gente no caminho. Você pode deixar para trás pessoas para as quais antes olhou com respeito – professores, patrões, e outras pessoas que outrora você julgou sábias e poderosas. O mais triste de tudo é deixar a família para trás e fazer coisas que ela não compreende. Em vez de torná-lo feliz, essa circunstância deixa-o sem a autoridade confortadora e onisciente dessas autoridades – a 'mãezona' ou o 'paizão' para protegê-lo, guiá-lo e escudá-lo. Você se sente só e inseguro e pode vir a lamentar a perda dessa segurança.

Esse é um problema grave. O remédio saturnino pode ser cultivar um mentor ou desenvolver laços de amizade com pessoas bem-sucedidas no seu campo de atividade e em outros também. Se deixar que o ego e a competitividade o impeçam, a associação com outras pessoas vencedoras pode prover uma troca mútua de apoio e de informação valiosa em nível igual. Vocês podem entender uns aos outros, assim entender a tensão e a solidão que acompanham o sucesso.

REALIDADE VERSUS EXPECTATIVA – Peixes na Terceira Casa sugere o papel que a fantasia – e a visão – representam como combustível das nossas ambições. A fim de nos prepararmos para aquela grande escalada, nos convencemos de que se ao menos pudermos chegar lá nossas vidas serão transformadas como que por mágica. Teremos amor, popularidade e seremos libertados de todos os nossos problemas. Vivemos com o mito de que, "Quando eu realizar isto e aquilo, então serei feliz." "Se eu ao menos pudesse. . ." ou "Quando eu. . ."

O resultado não pode equiparar-se ao potencial que sonhamos. A palavra potencial vem da palavra latina *potens*, que significa poder. Achamos que a concretização do nosso objetivo nos tornará mais poderosos do que na verdade acontece na vida real. Equiparamos sucesso com felicidade e quando o sucesso não resolve de imediato todos os nossos problemas e não atende a todas as nossas necessidades ficamos deprimidos (leia: zangados). O topo da montanha é um simples ponto no espaço e preferimos nos deter ali. Conquistar o objetivo verdadeiro muitas vezes significa desistir do sonho, e é doloroso substituir um sonho pela realidade. Talvez seja por isso que tantos param a um passo do sucesso – em algum nível sabemos que a nossa visão não é real. Odiando ter de abandonar a fantasia, paramos antes de chegar perto demais da realização do nosso objetivo.

Visto que Saturno é o princípio da realidade, um remédio saturnino para esse aspecto do abatimento é antes de mais nada ser mais realista, em vez de ter expectativas altas demais. Mantenha a perspectiva do que a realização do seu objetivo significará de fato para você. Chegar a um Ph.D. não lhe trará automaticamente o amor e a fama, mas pode fazer com que obtenha um emprego melhor, e essa é uma razão suficiente para você conquistá-lo. Por outro lado, com Peixes na Terceira Casa no círculo de Capricórnio, o seu sonho é que lhe dá forças para continuar enfrentando a vida, ao passo que ser totalmente realista o manterá embaixo, na base da montanha. É melhor ficar um tanto quanto abatido quando chegar ao topo do que não ir a lugar algum.

Exemplos de Casos para Estudo

Um dos maiores deprimidos da história, foi sem dúvida o presidente Abraham Lincoln, conhecido por ter sofrido de acessos de melancolia durante toda a sua vida. Seu mapa natal é mostrado aqui como o Mapa 3. A Lua em Capricórnio provoca tendência à depressão, em primeiro lugar, mas ela está posicionada na Décima Segunda Casa, o que sugere profunda tristeza proveniente de sofrimentos intensos e carência de proteção no início da vida, coisa que o

Mapa 3

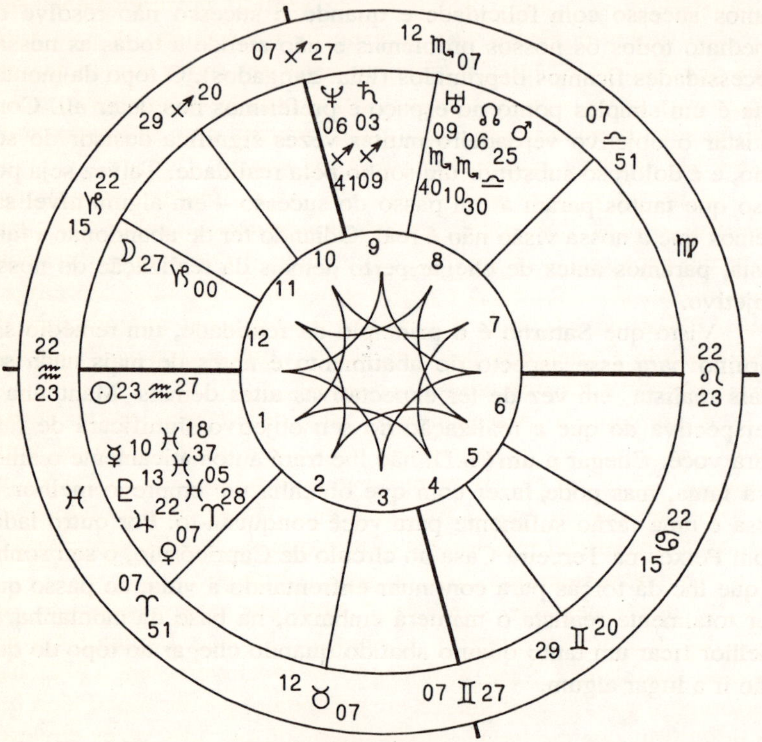

MAPA NATAL

ABRAHAM LINCOLN
12 Fev. 1809 6h 54m 0s LMT*
PLACIDUS 37N3 85O45

*** LMT = Local Mean Time: Horário Médio Local**

obrigou a ser muito responsável quando criança. A Lua na Décima Segunda Casa também sugere a possibilidade de algum fator hereditário ou bioquímico na sua doença, provavelmente um legado da mãe. Ambas, tanto a mãe como a esposa, sofreram de doenças físicas e emocionais, e Lincoln deve ter se sentido profundamente responsável pelos cuidados que teve de lhes dispensar. A Lua sofre uma quadratura de Marte, o que demonstra que havia tendência à repressão da raiva, transformando-a em depressão. Marte está em Libra, indicando que ele pode ter ficado zangado com as responsabilidades que precisou assumir para se sentir amado.

Aspectos desarmônicos entre Netuno e Saturno são extremamente dolorosos e provocam tendência à depressão, sobretudo quando estão próximos e ficam muito evidentes, o que acontece no caso de Lincoln, por estarem conjuntos em grau exato com o Meio-do-Céu. O Meio-do-Céu mostra o motivo de as pessoas se lembrarem de nós. Lincoln é lembrado pelo seu papel como o Grande Emancipador, e isso deve ter sido um fardo para ele.

A combinação das palavras-chave de Netuno com as de Saturno resulta em dever religioso e responsabilidade espiritual, tanto mais que existe um envolvimento com a Nona Casa. Lincoln foi um homem que marcou época. Ele pode ter tido um considerável sentimento de depressão relacionado com o que na ocasião era chamado de a "Grande responsabilidade do homem branco".

O nosso segundo exemplo é uma das mais conhecidas depressões recentes da história. O senador Thomas Eagleton foi nomeado candidato à vice-presidência de McGovern, em 1972. Isso bastou para que fosse vítima de um escândalo que irrompeu logo que se descobriu que ele havia estado internado por três vezes devido a graves depressões. Mostramos aqui o seu mapa natal – o de nº 4. A Lua, no autocrítico signo de Virgem, está em quadratura com Saturno, no signo idealista de Sagitário, o que sugere que o resultado de ele não viver segundo os padrões e princípios estabelecidos por ele próprio foi uma depressão. Saturno também está em sesquiquadratura com o seu Ascendente em Leão, sugerindo que as chaves para a auto-estima eram a fama e uma grande necessidade de ser amado. Sua auto-estima seria diminuída por qualquer fracasso, principalmente se este se tornasse público.

Mapa 4

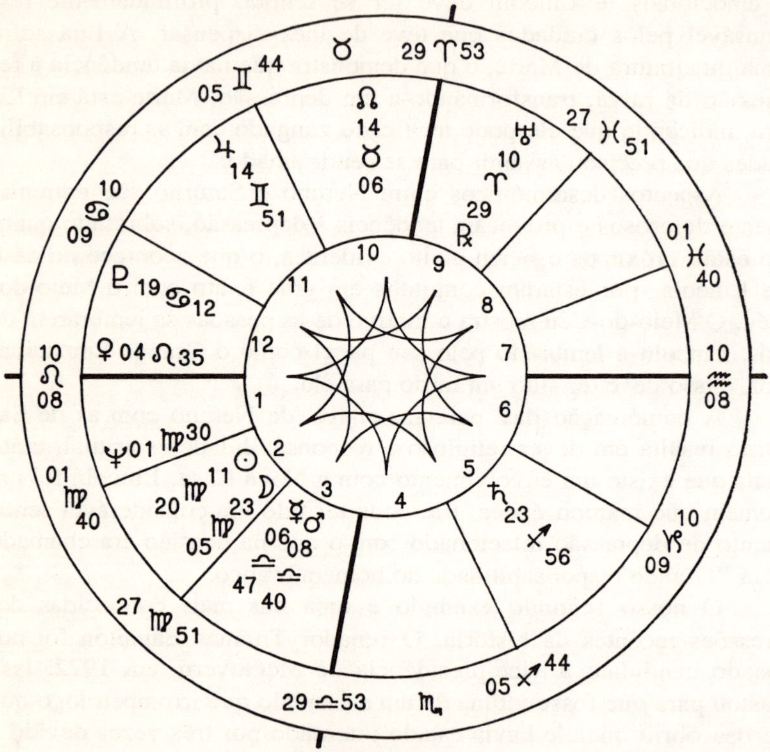

MAPA NATAL

SEN. THOMAS EAGLETON
4 Set. 1929 3h 0m 0s CST
PLACIDUS 38N37 90O12

Na primeira vez, ele ficou internado no hospital durante quatro semanas, em fins de 1960, quando Netuno em Escorpião estava formando quadratura com o Ascendente. Saturno em Capricórnio encontrava-se em oposição com Plutão na Décima Segunda Casa. Seis dias depois do Natal de 1964, ele foi internado pela segunda vez na Clínica Mayo. Essas duas depressões aconteceram no mês de dezembro; portanto, ao que parece, pessoas de renome e grandes homens são tão suscetíveis à melancolia das épocas festivas como todos nós! Saturno estava em oposição ao seu Netuno, um aspecto que é doloroso tanto no mapa natal quanto durante os trânsitos. Plutão e Urano encontravam-se estacionários a 16 e a 14 graus de Virgem, no ponto intermediário do seu Sol e Lua em Virgem, formando uma quadratura com Júpiter. Em setembro e outubro de 1966, ele tornou a ser hospitalizado pela terceira vez, ficando na Clínica Mayo durante quatro semanas. Nesse caso, pode-se aventar a hipótese de ele ser um suicida em potencial, pois Saturno em Peixes na Oitava Casa estava retrogradando para formar uma quadratura-T com o Saturno natal e a sua Lua, repetindo o aspecto natal. Nessa ocasião, ele precisou se submeter à terapia de choque, devido à gravidade da depressão.

O escândalo que o forçou a retirar sua candidatura à vice-presidência eclodiu em fins de julho e início de agosto de 1972, quando Saturno a 17 graus de Gêmeos estava em quadratura com o ponto central crítico do seu Sol e da sua Lua, exatamente depois da conjunção com Júpiter. O próprio Júpiter havia passado recentemente sobre o seu Saturno, quando as esperanças de nomeação do senador estavam no auge. Essa experiência foi uma perfeita experiência Júpiter/Saturno – na medida em que Júpiter transitou por Saturno e este, por sua vez, transitou por Júpiter. Netuno em Sagitário estava estacionário e em quadratura com o Netuno natal. Plutão, na Terceira Casa, encontrava-se em semiquadratura com o Nodo Sul em Escorpião na Quarta Casa, indício de que o seu sombrio e profundo segredo seria revelado.

O Mapa 5 é o retorno solar de Eagleton para 1971; de fato, durante o ano de 1972 ele estava competindo pela vice-presidência. Note-se que o grau da sua Lua natal está bastante próximo ao Ascendente, só que na Décima Segunda Casa, que é a casa das doen-

Mapa 5

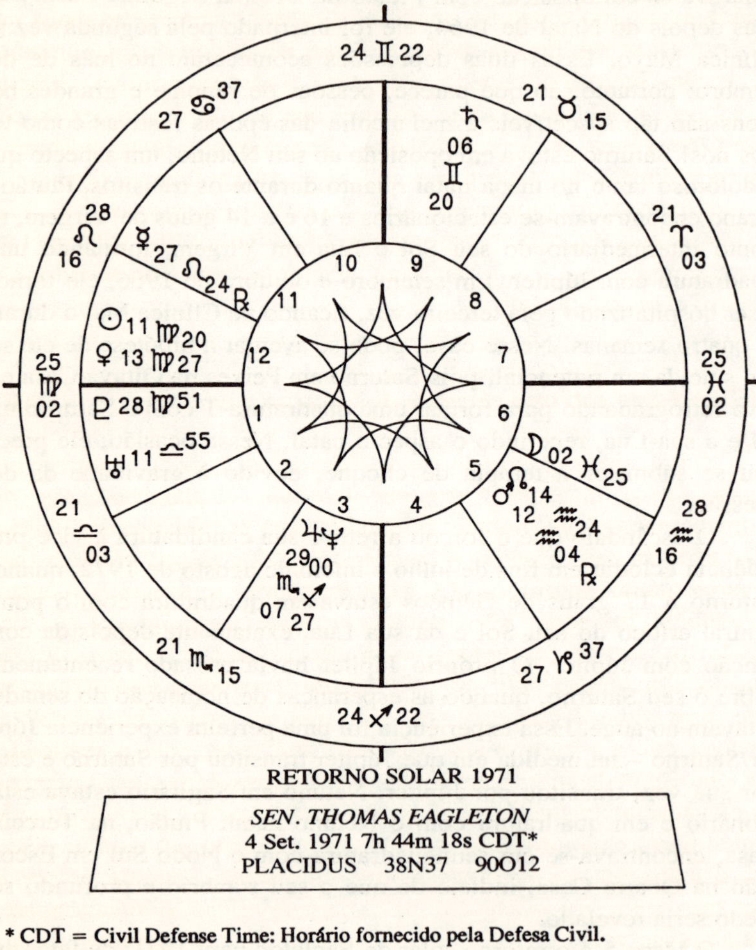

RETORNO SOLAR 1971

SEN. THOMAS EAGLETON
4 Set. 1971 7h 44m 18s CDT*
PLACIDUS 38N37 90O12

*** CDT = Civil Defense Time: Horário fornecido pela Defesa Civil.**

ças crônicas e dos mistérios; o seu Saturno natal está próximo à cúspide da Quarta Casa, portanto, em oposição com o Meio-do-Céu. Sua depressão tornou-se um assunto público nesse ano, o que prejudicou seus projetos relativos à carreira. O retorno solar de Saturno propriamente dito repetiu a quadratura com a Lua vista no mapa natal, com a Lua em Peixes na Sexta Casa, sugerindo doença emocional, e com Saturno na Nona Casa, que é a casa da política. Quando um aspecto natal é importante, ao que parece, suas repetições no céu trazem mais uma vez o tema à tona. (Por exemplo, quando Marte e Saturno formam um aspecto no céu, me aparece uma enxurrada de clientes com essa combinação nos mapas.) O retorno solar da Lua em Peixes fica em oposição ao Netuno natal no retorno solar na Décima Segunda Casa, enfatizando novamente a doença do senador e o mistério em torno do fato.

A Depressão sob os Trânsitos de Saturno e os Aspectos Natais

Muitas pessoas tornam-se melancólicas quando Saturno em trânsito forma um aspecto desarmônico com os planetas-chave do seu mapa natal. Igual número de pessoas usa os trânsitos de Saturno como esporas para acelerar a concretização dos ideais, pondo a funcionar o ditado saturnino: "Quando as funções se tornam violentas, a violência funciona." No entanto, grande parte dessas pessoas também passa por depressões temporárias quando recebe lições de Saturno. Por que os trânsitos de Saturno provocam isso? Como se pode usar conscientemente os trânsitos em nosso benefício? É provável que a melancolia se deva ao confronto com a realidade, mas também pode significar uma dose excessiva do perfeccionismo e das elevadas ambições saturninas. Ao lembrar-se de que a depressão é em si mesma um processo de cura, cada trânsito lhe dará as pistas para a interpretação do processo que representa. Durante os seis a nove meses em que o aspecto de Saturno é eficaz, o tema reaparecerá algumas vezes com os movimentos diretos e retrógrados; a cada vez, você se aproximará mais um pouco da resolução do problema.

Embora as interpretações sejam fundamentadas no significado dos aspectos em trânsito, pessoas com esses aspectos no mapa natal também podem aprender algo sobre como curar a si mesmas. Nesse caso, o desafio é maior: uma montanha em vez de um montículo de terra. As dificuldades se repetem, sobretudo durante os aspectos que Saturno faz com sua posição natal, aproximadamente quando a pessoa tem 7, 14, 28 anos de idade, e assim por diante. Para compreender melhor os aspectos em que as coisas não deram certo para você, pense no que lhe possa ter ocorrido quando tinha essas idades; esses fatos podem estar subjacentes aos seus sentimentos de tristeza e de negativismo. Talvez você precise retroceder e fazer algum trabalho de cura ao redor desses setores de sua vida e dos acontecimentos nessas ocasiões.

Os TRÂNSITOS DE SATURNO PELO SOL podem representar um assoprão no ego inflado, na medida em que o forçam a investir nele ou a se calar. Entretanto, depois de lamentar a personalidade que idealizou, você começa a mobilizar as energias da sua verdadeira personalidade e a trabalhar na expressão das suas capacidades. O trânsito de SATURNO PELA LUA pode significar uma depressão grave, muitas vezes devida ao fato de ter de se separar de alguém de quem você depende ou em virtude da pressão exercida para você crescer. Às vezes, é a mãe que está envelhecendo ou se tornando menos acessível; ou então você tem de enfrentar a realidade de que sua mãe, ou outra mulher importante da sua vida, são exatamente o contrário de como você as idealizou em suas fantasias. À medida que o trânsito progride, você enxuga as lágrimas e continua com a tarefa de estabelecer alguma segurança para si mesmo. O trânsito de SATURNO POR MERCÚRIO revela sua obsessão com preocupações ou pensamentos tristes, ou faz com que você confronte suas limitações intelectuais. Remédios saturninos seriam trabalhar num plano concreto e aprender novas habilidades de que precisa, talvez obter aquele diploma. A depressão causada por esse trânsito será aliviada com exercícios respiratórios ou aeróbicos, o mesmo acontecendo com os aspectos natais entre Mercúrio e Saturno, inclusive Saturno em Gêmeos, visto que esse aspecto indica alguma inibição relativa à respiração.

Com os TRÂNSITOS DE SATURNO POR VÊNUS, você se depara com as deprimentes realidades da sua vida amorosa, e pode pensar que o amor esfriou. Muitas vezes, a pessoa mais triste, embora mais sábia, decide abandonar as fantasias relativas a encontrar um parceiro ideal e se torna prática. Surpreendentemente, muitas pessoas assumem compromissos duradouros durante esse trânsito. Os ASPECTOS DE SATURNO COM MARTE personificam o ensinamento de que a depressão significa raiva interiorizada. Com freqüência, há razões reais pelas quais a manifestação da raiva é bloqueada; por exemplo, se o seu oponente é mais forte do que você ou se controla o pagamento do seu cheque. O remédio é canalizar a sua raiva, usando-a para enfrentar e lidar com algumas das principais barreiras que o estão impedindo de alcançar suas metas.

Quando SATURNO TRANSITA POR JÚPITER, pode-se pagar o preço pelos excessos que se cometeu e pelos riscos insensatos que se correu, além de se ter de aprender que existem limites reais à nossa expansividade. É desnecessário dizer que se trata de algo sensato; no entanto, depois que a tristeza passa, fica-se mais sábio e já não se tende tanto aos excessos destrutivos. Os ASPECTOS DE SATURNO COM O SATURNO NATAL são partes do ciclo de Saturno natal e fazem com que você se reconcilie mais uma vez com aqueles temas que enfrentou em toda a sua vida. O sofrimento que você sente ao enfrentar essas realidades pode ainda motivá-lo a trabalhar em seus bloqueios.

Os ASPECTOS DE SATURNO COM URANO o induzem a um jogo duro no lar, à medida que você percebe como ele limita ou desaprova a sua contrariedade. Muitas vezes, depois que você deixou para trás a sua zanga ou depressão, se torna prático e trabalha em algum compromisso de alguma espécie que lhe permita demonstrar o seu gênio pessoal dentro daquele estabelecimento. A dificuldade disso depende do tipo de cabeçudo uraniano que você é. Os TRÂNSITOS DE SATURNO POR NETUNO são muito deprimentes e muitas vezes causam os "COITADINHO DE MIM" à medida que você toca o sentimento netuniano de desamparo e de se sentir uma vítima. Trata-se de um rude despertar, de uma competição chocante entre fantasia e realidade. À medida que se despede de certas ilusões ou vícios cultivados com carinho, você pode mergulhar na autopiedade; mas, em última análise, você faz uma reavaliação e vê que parte de suas visões pode ser tornada prática. Então pode trabalhar com ela.

Quando SATURNO FORMA UM ÂNGULO COM PLUTÃO, é comum seguir-se um confronto muito sério com as forças existentes, e você pode esbarrar num muro de pedra ao lidar com elas ou ao confrontar os próprios traços plutonianos da sua personalidade. Remédios extremos, tais como *rolfing*, ou um período de retiro e de trabalho árduo nos próprios bloqueios podem ser imprescindíveis para você fazer qualquer progresso em relação a esses padrões calcificados. Neste caso, a depressão significa tristeza, muitas vezes uma tristeza há muito reprimida, e as lágrimas em si mesmas são uma cura poderosa.

ASPECTOS DE SATURNO COM O ASCENDENTE podem ser deprimentes na situação em que você tem de se conformar com sua aparência ou com suas limitações físicas, visto que este é um dos temas do envelhecimento – mesmo para pessoas com apenas 24 anos de idade. No entanto, eles o estimulam, no sentido de torná-lo mais controlado no que se refere aos cuidados pessoais e podem dar-lhe a energia de que precisa para fazer uma dieta, praticar ioga ou participar de outros cuidados estruturados. Ao mesmo tempo, pode-se ler esses aspectos como ASPECTOS DE SATURNO COM O EIXO ASCENDENTE/DESCENDENTE, que têm o poder de deixá-lo triste com o modo como você se apresenta no mundo e com as limitações que isso acarreta nas amizades. A pessoa aprende a ser mais responsável quanto ao modo de se apresentar e aprende a ser mais corajosa no que se refere a aumentar suas capacidades. Também podemos aprender a não nos responsabilizarmos pelos outros, mesmo que eles façam "um jogo de chantagem emocional", afastando-se temporariamente, no intuito de nos levar a protegê-los outra vez.

Os ASPECTOS DE SATURNO COM O EIXO DO MEIO-DO-CÉU/NADIR oferecem oportunidades para deixar para trás a dependência desenvolvendo mais capacidade; portanto, é bem possível que esses aspectos tragam mais sucesso, bem como muito mais responsabilidade. Pode haver aumento de sofrimentos, bem como toda a dinâmica que acontece sob o fenômeno do abatimento. Crescer e deixar para trás nossas raízes pode ser muito triste, e talvez seus pais estejam de fato envelhecendo ou se sentindo mais enfraquecidos, coisa para se lamentar, realmente. Entretanto, muitas vezes este é um período de realização, um período em que se colhe aquilo que se plantou.

Chegando às Raízes da sua Depressão

Se estiver seriamente deprimido, faça a si mesmo as seguintes perguntas, para entender melhor de onde ela provém. Com relação a qualquer problema saturnino, a probabilidade é a de que você saiba exatamente O QUE o está aborrecendo, mas as perguntas a seguir podem ajudá-lo a separar e a corrigir as crenças e atitudes subjacentes. Cada uma delas está associada a uma casa no Círculo com Capricórnio no Ascendente. Portanto, a primeira pergunta se relaciona com Capricórnio na Primeira Casa, a segunda com Aquário na Segunda Casa, e assim por diante.

Que pressão estou exercendo sobre mim mesmo para ter uma "fachada" de perfeição e ter sempre a aparência de alguém completamente capaz?

Perdi algo a que dou valor? Estou concedendo a mim mesmo a permissão de lamentar essa perda, ou acho que devo considerá-la de modo frio e desapaixonado?

De que maneira a falsa crença de que, de certa forma, tenho de ser um santo ou de que tenho de fazer um auto-sacrifício se constitui num problema? Estou usando drogas, álcool ou comida para bloquear meus sentimentos de tristeza, retardando dessa forma o processo de cura?

Qual é a minha zanga subjacente ao problema? O que penso que aconteceria se eu permitisse que essa raiva viesse à tona?

Insisto obstinadamente em lidar com esse problema sempre do mesmo velho modo, ou posso me arranjar com algumas soluções criativas?

Estou trabalhando compulsivamente e, desta maneira, aumentando minha depressão por causa da fadiga mental?

De que modo tenho me tornado exclusivamente dependente de meus relacionamentos, recusando-me assim a crescer? Acaso, desta vez, a pressão para que eu cresça faz parte do meu sentimento de perda?

O orgulho ferido faz parte do problema? Não se trataria, antes, de falso orgulho do que de um verdadeiro sentimento de valor pessoal?

Que crenças e atitudes anteriores, que sempre usei em situações deste tipo, falharam desta vez? Posso avaliar de forma prática o que não deu certo?

Estou excessivamente preocupado com a minha imagem pública? Quero que todos me amem sempre, e minha sensação de perda se relaciona com essa necessidade de amor incondicional?

Sinto-me traído ou manipulado pelos meus antigos amigos ou sistemas de apoio? Acaso eles se ressentem com o meu sucesso ou comigo e trabalham contra mim por baixo do pano?

Minha tristeza provém do fato de eu estar encarando uma verdade que me abstive de enfrentar? Como o fato de ver a verdade pode me ajudar a evitar essas dificuldades no futuro?

Escrever ou meditar sobre essas perguntas pode ajudá-lo a começar a lidar com as razões do seu fracasso. Ao identificar as suas raízes, é possível que você comece a ter uma idéia mais clara acerca do que fazer para ajudar a si mesmo.

Receita Astrológica para Aliviar a Depressão

Mantendo-nos fiéis ao princípio homeopático da cura do semelhante pelo semelhante, descobrimos sugestões de como aliviar a depressão ou acelerar o processo usando o mesmo círculo com Ascendente em Capricórnio que nos ajudou a compreender as suas origens. Entenda que essas sugestões e todos os remédios indicados neste capítulo não se destinam a substituir o cuidado com a saúde e o tratamento psicoterapêutico para a pessoa gravemente deprimida que dele necessita.

Capricórnio na Primeira Casa sugere que algum exercício físico, como a ioga ou uma dieta severa, podem ajudar. Na Segunda Casa, Aquário exige que você reexamine seus valores e passe a ver sua perda de uma nova perspectiva. Esteja disposto a experimentar. O desapego às coisas materiais é uma indicação do seu valor.

Peixes na Terceira Casa, que foi tão significativo em termos de entender as raízes desta enfermidade emocional, também tem muito a oferecer para mitigá-la. Procure o significado espiritual desta situação dolorosa. A oração e a meditação são eficientes, bem como escrever sobre todas as coisas que o estão aborrecendo. Com moderação, fugir é útil, sobretudo quando se trata daquelas delicadas fugas netunianas, tais como ouvir música, ir ao cinema ou à praia. A fantasia também pode ser um consolo se usada com moderação, e pode ajudá-lo a deparar-se com uma nova visão de como lidar com o problema.

Na Quarta Casa, Áries mostra que as raízes da depressão muitas vezes se fundamentam na raiva. Para deixar de interiorizar a raiva, reconheça que essa raiva pode ser a causa subjacente da sua depressão e investigue profundamente as suas raízes. Habitue-se com a sua raiva. Não importa se ela é "justificada ou não"; para você ela ainda é real. Comece a agir para modificar a situação. Exercícios físicos, como correr regularmente, provaram ser úteis para eliminar a depressão.

Com Touro na Quinta Casa, aprenda o valor de um passatempo ou de alguma forma criativa de válvula de escape. Isso lhe dará estabilidade e alguma paz. Trabalhar com materiais naturais ou simplesmente ficar junto à natureza pode ser reconfortante, como um lembrete de que a vida é abundância e não limitação.

Gêmeos na Sexta Casa revela a força da mente tanto em criar como em aliviar a depressão. Descubra o lado humorístico da sua situação, não importa quão sombria ela seja. Explore a fonte mental de seus males psicossomáticos. Preste atenção aos seus pensamentos e note como os pensamentos negativos podem limitá-lo. Se não for feito de forma compulsiva, o trabalho pode ser uma terapia, afastando a sua mente dos problemas que o afligem.

Câncer na Sétima Casa indica a necessidade de descobrir alguns relacionamentos protetores – ou descobrir o prazer de proteger os outros. Você pode sentir exatamente nesse instante que precisam de você. Renove os laços familiares, se forem encorajadores.

Na Oitava Casa, Leão mostra que brincar é revigorante; portanto, permita que a parte infantil da sua personalidade extravase. Mesmo que não se sinta feliz, aja como se o fosse e descobrirá como isso mexe com seu estado de ânimo.

A energia de Virgem na Nona Casa revela que, se você se sentir deprimido devido a algum fracasso, terá de analisar qual conhecimento e quais habilidades lhe estão faltando, e começar a trabalhar para adquiri-los. É hora, portanto, de analisar criticamente os sistemas de crenças e atitudes anteriores e que podem estar lhe causando abatimento, sobretudo a idéia de que você tem de ser perfeito.

Na Décima Casa, Libra mostra que estimular a depressão representa uma situação em que você decide não fazer mais escolhas; portanto, decida que o fato de estar indeciso está certo. Cultive uma atitude equilibrada quanto aos seus objetivos, em vez de esperar concretizá-los todos com perfeição. Saiba também que não se pode agradar a todo o mundo nem fazer com que todos amem você.

Escorpião na Décima Primeira Casa sugere a utilidade de um grupo de apoio ou mesmo da terapia de grupo.

Com Sagitário na Décima Segunda Casa, assuma novas perspectivas espirituais e filosóficas. Use o pensamento positivo para eliminar os padrões autodestrutivos, sobretudo as mentalizações desse tipo. Também seria útil estudar seriamente o inconsciente, por exemplo, participando de um curso de psicologia.

Ponha o seu mapa natal sobre o círculo com Ascendente em Capricórnio, com o grau do seu Saturno natal na cúspide e seus planetas natais nas casas correspondentes às cúspides. Isso revelará os motivos que o levam a ficar deprimido. Preste atenção especial à casa em que cair o Saturno natal: ela poderá mostrar as perdas que sofreu na infância e que o predispõem à depressão. Isso também indicará o setor em que surge o perfeccionismo, tornando-o deprimido quando falhar em obedecer a seus padrões irreais. A casa onde Saturno em trânsito cair, ou em que fizer aspecto com planetas natais, também pode fornecer uma pista para casos reincidentes de melancolia.

Essências Florais para a Depressão e o Desânimo

Os remédios de Bach foram desenvolvidos na era da Depressão, nos primórdios dos anos 30. Eles refletem o clima de seu tempo, no qual prevaleciam três emoções – o medo, o desânimo e a depressão. Portanto, os remédios do dr. Bach revelam todo um espectro de tipos de depressão. É importante não se sobrecarregar com remédios saturninos. Quando comecei a usá-los pela primeira vez, combinei cada um dos remédios para a depressão e o desânimo numa garrafa, pois nunca mais queria sofrer de depressão. Com essa tática de "ou mata ou morre", passei por uma das piores depressões de toda a minha vida, numa crise de cura desnecessariamente acidentada.

Os que precisarem do remédio OLMO são pessoas competentes que, no entanto, se sentem inadequadas, ou de vez em quando se sentem sufocadas pelas responsabilidades. A GENCIANA serve para sentimentos de desânimo e os sentimentos resultantes de duvidar de si mesmo e da depressão. É útil para o tipo de pessoa que tem uma aparência negativa, que facilmente fica desanimada e desiste. O TOJO alivia o desespero e a falta de esperança, e a sensação de completo acabrunhamento depois do fracasso de várias tentativas. É bom para os que sofrem de doenças crônicas ou para os que lutaram durante muito tempo com determinado problema. O LARIÇO é ótimo para a pessoa que está certa de que vai fracassar e por isso deixa de fazer uma tentativa. Também é bom para quem estiver se sentindo inferior e acabrunhado devido à falta de confiança em si mesmo. A MOSTARDA parece ser adequada para a depressão bioquímica, o tipo de depressão grave que aparece sem nenhum motivo e desaparece da mesma forma repentina.

Certa quantidade de essências mais modernas também pode ser eficaz nos casos de depressão e de desânimo. A BORRAGEM é excelente se você estiver se sentindo desmotivado e desencorajado, e lhe traz uma coragem animada e confiança para enfrentar o perigo. A GIESTA ESCOCESA incentiva a motivação e a perseverança, dá fé aos desesperados e ajuda a deixar o pessimismo para trás. O PENSTÊMON dá força interior quando você está sobrecarregado de desafios e de falta de confiança em si mesmo. A AMORA SILVESTRE revigora as pessoas que dirigem seus pensamentos para a limitação e a falta; é conhecida pela ajuda que dá à manifestação consciente dos objetivos. O POEJO é útil contra pensamentos e formas de pensamentos negativos, e o impede de absorver o negativismo dos demais. Encoraja os trabalhadores persistentes ao descanso e acalma as obsessões.

Uso do Cântico e dos Rosários de Saturno

O cântico de Saturno é especificamente útil para se chegar à raiz da depressão e para colocá-lo em ação. No entanto, não se esqueça de que, para resolver a tristeza, você tem de chorar tanto quanto puder. Você pode começar a chorar à medida que começar a usar o cântico de Saturno, especialmente se o fizer usando um rosário ou algumas das essências florais. Nossa cultura nos aconselha a eliminar nossos sentimentos e escapar deles; no entanto, é exatamente essa tentativa de fuga que cria e prolonga a depressão.

O cântico de Saturno é o seguinte:

DAH TI KAH
DAH TI KAH
DAH TI KAH
OH AY

Entoe o cântico de Saturno, repetindo-o cada vez mais lentamente. Imagine um espaço aberto entre os sons, assim como numa tela de televisão, e permita que as imagens apareçam e que lhe digam mais alguma coisa sobre aquilo de que você precisa para ajudá-lo. Você está estimulando a cura para as raízes da depressão. Os rosários de Saturno, apresentados na tabela a seguir, são bons para lidar com a tristeza e com os sentimentos de bloqueios e frustrações, correlacionando-se com certos aspectos específicos do seu mapa ou com trânsitos de Saturno.

Rosários de Saturno para a Depressão

Aspecto	Padrão da Conta	Cântico	Origem da depressão
SATURNO/ SOL	VERMELHA VERMELHA MARROM	OH HAY YAH OH HAY YAH DAH TI KAH	duvidar de si mesmo, deflação do ego, sentir-se inadequado aos desafios atuantes no momento

Rosários de Saturno para a Depressão (Continuação)

Aspecto	Padrão da Conta	Cântico	Origem da depressão
SATURNO/ LUA	BRANCA BRANCA MARROM	SI IDRIAH SI IDRIAH DAH TI KAH	perda de alguém de quem se dependia; ver-se forçado a ser mais independente
SATURNO/ MERCÚRIO	PÚRPURA PÚRPURA MARROM	OH HI TI NAH OH HI TI NAH DAH TI KAH	ver a realidade com clareza; confrontar-se com falhas e déficits intelectuais
SATURNO/ VÊNUS	VERDE VERDE MARROM	NAH TI NAH NAH TI NAH DAH TI KAH	tristeza por perda do amor ou por carência afetiva; desmoralização devida à própria falta de atrativos
SATURNO/ MARTE	PRETA PRETA MARROM	NAY ZI DAY HOH HI MAH NAY ZI DAY HOH HI MAH DAH TI KAH	raiva reprimida pela autoridade, ser bloqueado em realizar os desejos; sentir-se como um perdedor
SATURNO/ JÚPITER	AMARELA AMARELA MARROM	HI SU MAI YOH HI SU MA YOH DAH TI KAH	perda de antigas esperanças ilimitadas, confronto com os limites da expansividade

Rosários de Saturno para a Depressão (Continuação)

Aspecto	Padrão da Conta	Cântico	Origem da depressão
SATURNO/ URANO	MARROM MARROM PRATA	DAH TI KAH DAH TI KAH HAN MITRIAH	pressão para conformar-se; necessidade de adaptação para que os objetivos possam ser realizados
SATURNO/ NETUNO	MARROM MARROM MENTA	DAH TI KAH DAH TI KAH OH MYS	confronto com as realidades, desistência de fantasias ou de ilusões; alcançar as profundezas da depressão
SATURNO/ PLUTÃO	MARROM MARROM NATURAL	DAH TI KAH DAH TI KAH TI OH	tristeza profunda e, algumas vezes, reprimida durante tempo excessivo

Bibliografia de Livros Úteis sobre Depressão

Dra. Helen A. DeRosis e Victoria Y. Pelligrino, *The Book of Hope: How Women Can Overcome Depression* (O livro da esperança: como as mulheres podem vencer a depressão), Nova York, Bantam, 1977.

Este excelente livro de auto-ajuda, não só delineia as raízes da depressão na vida das mulheres, mas também apresenta técnicas para sair dela. DeRosis nasceu em 4 de dezembro de 1918 em Freeport, Nova York.

Silliam Dufty, *Sugar Blues* (Doces tristezas), Nova York, Warner Books, 1976.

Os múltiplos efeitos alarmantes do açúcar sobre a mente e o corpo, inclusive suas propriedades cumulativas. A parte representada pela nossa cultura ao criar dependência em relação ao açúcar, apesar da propaganda e do fato de incluí-lo nas comidas.

Dr. Frederic Flach, *The Secret Strength of Depression* (A força secreta da depressão), edição revista. Nova York, Bantam Books, 1986.

Embora seja um médico que acredita fielmente em antidepressivos, o dr. Flach apresenta valiosas descobertas sobre as raízes da depressão e sobre os modos de aliviá-la.

Maggie Scarf, *Unfinished Business: Pressure Points in the Lives of Women* (Negócios inacabados: pontos de pressão na vida das mulheres), Nova York, Doubleday, 1980.

Excelentes descobertas sobre as razões pelas quais as mulheres sofrem mais de depressão do que os homens, as diferentes etapas da vida em que somos mais predispostos a ela.

NOTAS

1 Lois Rodden, *Astro-Data II* (San Diego, Ca: ASC), 1980.

2 Elvis nasceu em 8/1/1935 às 4:45 CST em Tupelo, Miss, 88043, 34N16, segundo *Astro-Data II* de Lois Rodden.

3 Esta data foi obtida do *Astro-Data II* de Lois Rodden, ACS, San Diego, CA, 1980.

4 *Ibidem.*

Capítulo VI

OLHO NO OLHO COM URANO: ENTREVISTA COM UMA CELEBRIDADE

Conhecendo minha atitude diante da essência de Urano, parece presunção da minha parte – possivelmente, um grande perigo – eu falar sobre Urano. Isto é, tenho alguns trânsitos prestes a ocorrer e nos quais nem ouso pensar! Para que tentar o destino? Decidi entrevistá-lo e deixar que ele mesmo se explique. Foi um pouco difícil ouvi-lo, porque nos encontramos numa discoteca, e foi difícil analisá-lo por trás daqueles grossos óculos escuros, do cabelo *punk* espigado, da jaqueta preta de couro que compunham o seu visual. Falando com franqueza, nem sequer tenho a certeza de que era um homem – tratava-se de um desses tipos andróginos. Porém, deixe-me contar-lhe o que ele me disse; na verdade, sua conversa censurada, por respeito às conveniências, pois ele foi deveras grosseiro ao usar certas palavras de quatro letras.

DC:* Na verdade, estou muito emocionada ao falar com você. Sempre o considerei um personagem astrológica e astronomicamente excitante.

UR:** Dispenso os elogios! Você tem um medo mortal de mim. Todos têm.

DC: Tem razão. Imagino que ninguém consegue nada de você se usar de hipocrisia. No entanto, muitas vezes as pessoas mais mal-

* Donna Cunningham.
** Urano.

afamadas também são as mais excitantes. Você e os seus seguidores uranianos de fato abalam as pessoas, portanto sempre que estão por perto, alguma coisa acontece. Os aquarianos, por exemplo. A coisa mais importante que notei nos aquarianos é que eles são tão diferentes da maioria das pessoas!

UR: Qual é a coisa mais desagradável que se pode dizer a um aquariano? "Vocês, aquarianos, são todos parecidos!" Os aquarianos e os uranianos gostam de imaginar que são muito especiais e que nunca houve ninguém igual a eles. Na verdade, cada um deles gostaria de ter um troféu com a inscrição: "A pessoa mais especial do mundo." Você poderia vender esses troféus aos montes. Se disser aos aquarianos que eles não são diferentes assim, eles acharão que há algo errado com a sua inteligência. A verdade é que cada pessoa é única. Não existem duas pessoas exatamente iguais, da mesma forma que não existem dois flocos de neve iguais. E, no entanto, tal como acontece com os flocos de neve, você pode mergulhar na nevasca e tornar-se parte da neve. Portanto, paradoxalmente, Urano se relaciona com a exclusividade tanto quanto com os movimentos de massa e as tendências populares.

DC: Dizem também que Urano tem muito que ver com a nossa identidade. Como terá surgido essa conexão?

UR: O que temos de diferente, o que nos destaca de algum modo da multidão constitui a maneira como nos vemos e o rótulo que os demais nos põe. O que me abala é que grande parte daquilo em que as pessoas fundamentam a própria identidade não é uraniano, mas pertence a Saturno. Trata-se do que elas foram no passado, especialmente das armadilhas representadas pelos papéis que desempenharam ou pelo seu status. Então acontece um trânsito de Urano e as forças a desafiar e a modificar essa identidade, muitas vezes porque perderam o papel ou o status. Saturno, em particular, mostra os modos através dos quais as pessoas estabelecem os próprios limites, e com freqüência elas se definem nos termos do que podem ou não podem fazer. Porém, sob os trânsitos de Urano, as pessoas se cansam dos antigos limites, ultrapassando-os para fazer experiências e, assim, a sua identidade tem de se expandir para estar de acordo com as novas aptidões e circunstâncias. Há necessidade de mudar periodicamente o conceito que fazem de si mesmas, porque ao longo dos anos as pessoas evoluem, e a opinião que têm acerca de si mesmas não acompanha o ritmo da evolução.

Na verdade, para a maioria das pessoas, a identidade é determinada nos anos da adolescência, baseada no fato de terem ou não sido populares, de terem sido bem-sucedidas ou não na escola, de viverem ou não do lado errado do caminho, de terem ou não sido bons esportistas. Como adultas, as pessoas ainda tendem a pensar sobre si mesmas como aquela "desajeitada" ou aquela pessoa impopular, cheia de espinhas no rosto. Elas têm a tendência saturnina de cristalizar-se em determinado modelo e fazem de si mesmas uma opinião baseada nos limites aceitos como seus no período da adolescência. Sob os trânsitos de Urano, elas questionam e ultrapassam essas limitações. Como você pode ver, a questão da identidade é complexa, e muitas vezes bastante artificial, pois não se fundamenta no verdadeiro self, representado pelo Sol.

DC: Recentemente, andei me interrogando se minha aparência teria algo a ver com a minha identidade. A aparência é uma função – muito superficial, própria do Ascendente, ao passo que o self é representado pelo Sol.

UR: A aparência se relaciona com a individualidade. A tarefa primordial para os adolescentes é estabelecer uma individualidade. As pessoas uranianas com freqüência se vestem ou agem de maneira que lhes permita ficar cada vez mais estranhas à sociedade, a fim de estabelecerem sua identidade. Os adolescentes são uranianos e fazem questão de chocar os mais velhos com o seu modo de trajar.

Tenho de admitir que a aparência se encaixa bem sob o cabeçalho de Urano, mas apenas porque a sociedade tem tanta dificuldade em aceitar pessoas cuja aparência se destaque das demais. Se não houvesse esse preconceito quanto à aparência, os uranianos teriam de descobrir algum outro modo de mostrar sua exclusividade. Até o próprio símbolo de Aquário, como tema, sugere separação. O cisma e o espaço entre as duas metades do símbolo indicam a fronteira entre um *self* e o outro.

DC: Falando de individualidade, trata-se de uma coisa estranha. Os aquarianos estão sempre cercados por pessoas e, no entanto, sinto que eles têm algo de solitários.

UR: Essa solidão provém do fato de serem únicos, o que começa a explicar um outro paradoxo – o fato de Urano, que tem tudo a ver com a individualidade, também reger os grupos. A solidão causada pelo fato de ser diferente é mitigada pelo fato de o aquariano encontrar grupos de pessoas com mentes semelhantes. "É claro que sou diferente", diz um uraniano, "mas olhe para todos os outros que são como eu." Portanto, os adolescentes se apegam fervorosamente ao seu grupo de pares; os radicais juram lealdade aos seus camaradas de causa. Dentro desse grupo, porém, as estruturas, os papéis, a pressão para que se adaptem são intensos. Só se pode ser diferente na medida em que se for igual aos demais. O fato de dependerem de um grupo lhes dá segurança para resistir às pressões sociais.

DC: Os aquarianos são tão rebeldes! Por que isso acontece?

UR: Os aquarianos e os uranianos são conhecidos por sua rebeldia; contudo eles não começam necessariamente sendo rebeldes. . . apenas são diferentes. Entretanto, logo que são vistos como diferentes, são pressionados para se tornarem iguais a todas as outras pessoas e para se adaptarem ao padrão. O círculo com Aquário no Ascendente tem Escorpião na Décima Casa, o que revela a reação repressora das autoridades à pessoa uraniana – e a resposta ressentida dos uranianos, que então se tornam de fato rebeldes, no intuito de irritarem as autoridades. O tipo de pessoa que se torna o ferrenho conservador rebelde – o radical, o motoqueiro – faz isso porque o fato de ser diferente se cristaliza em rebeldia e desafio. Quanto mais alta a posição social de um uraniano, tanto mais coerção lhe é imposta e tanto mais desafiador ele se torna.

Pessoas cujo Urano é forte são muito temidas pelas facções sociais que desejam manter as coisas do jeito que estão. O povo uraniano estimula as mudanças sociais, liderando o caminho com tendências que o resto das pessoas segue muito mais tarde, depois de se recompor do choque. Mesmo que adote suas roupas, sua música, seus passatempos e, mais devagar, seu estilo de vida, a sociedade rotula essas pessoas de "esquisitas", "embrulhonas" e "radicais" e, muitas vezes, impõe-lhes severas penalidades por serem diferentes.

De modo geral, os uranianos se distinguem por serem desaprovados pela sociedade. No entanto, quem é que presta os melhores serviços à coletividade e qual é o meio mais evoluído de prestar esse serviço? Os uranianos o fazem tirando o resto da humanidade da letargia, estimulando as pessoas a mudar o que existe. Por certo, esses motoqueiros fazem isso com tanta eficácia quanto os reatores antinucleares. Os adolescentes também passam anos prestando serviço como agitadores. Disfarçadamente, promovem mudanças em seus lares, à moda do cavalo de Tróia, com o estilo de sua música, dos seus meios de comunicação e dos seus costumes.

No entanto, todos têm Urano no seu mapa; portanto, todos sentem a necessidade de serem indivíduos independentes, de mudarem e de se afastarem do passado. Em vez de desconsiderar essa parte da sua personalidade, relegando ao ostracismo as pessoas que ousam atender a essa necessidade que é de todos nós, será mais sadio tanto para os indivíduos como para a sociedade obter subsídios para expressar a individualidade de um modo construtivo e equilibrado.

DC: Nem sempre você se preocupa em fazer as coisas de modo equilibrado e construtivo. Ouvi dizer que é responsável pela energia atômica – por coisas como Hiroshima. Veja o mapa da explosão da bomba. Você está bem lá em cima no Meio-do-Céu (mapa 6).

UR: Ah, sim, e está lembrada do acidente nuclear de Chernobyl? Para esse espantalho, eu também estava lá no alto do mapa. Recebi um pouco de ajuda do meu camarada Plutão (mapa 7). No entanto, veja bem, o mundo mudou radicalmente em conseqüência da energia nuclear. Esta tem a capacidade de destruir, isso é verdade, mas o fato é que, no final, isso acabará unindo todos vocês num único mundo. Trata-se de outro paradoxo.

DC: Adiantando-nos um pouco no futuro, o que acha que vai acontecer quando você se mover, entrando em Capricórnio?

Mapa 6

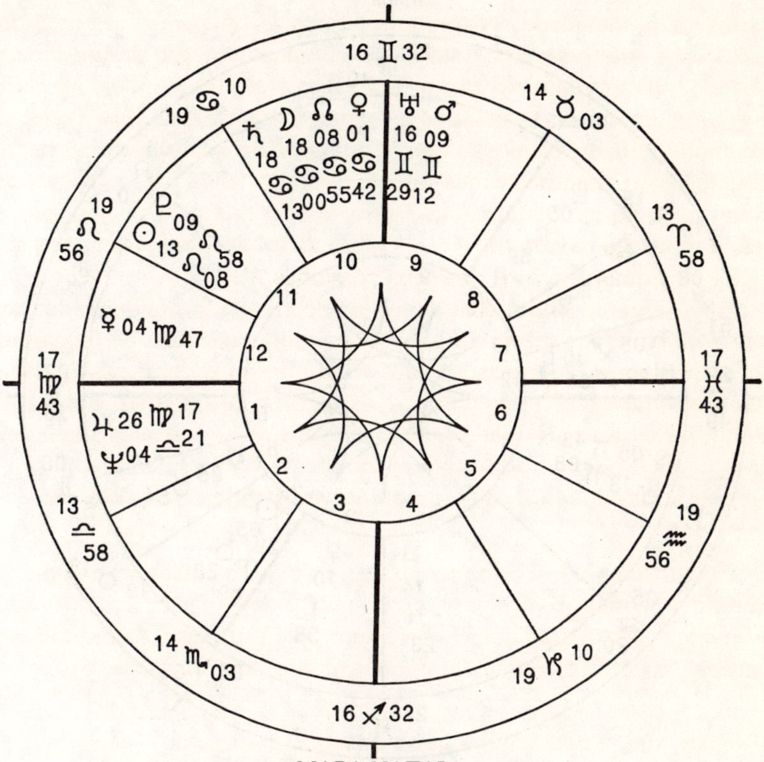

MAPA NATAL

EXPLOSÃO DA BOMBA ATÔMICA
6 Agosto de 1945 8h 15m 17s JST*
PLACIDUS 34N24 132L25

*JST = Just Sideral Time: Horário Sideral Exato

Mapa 7

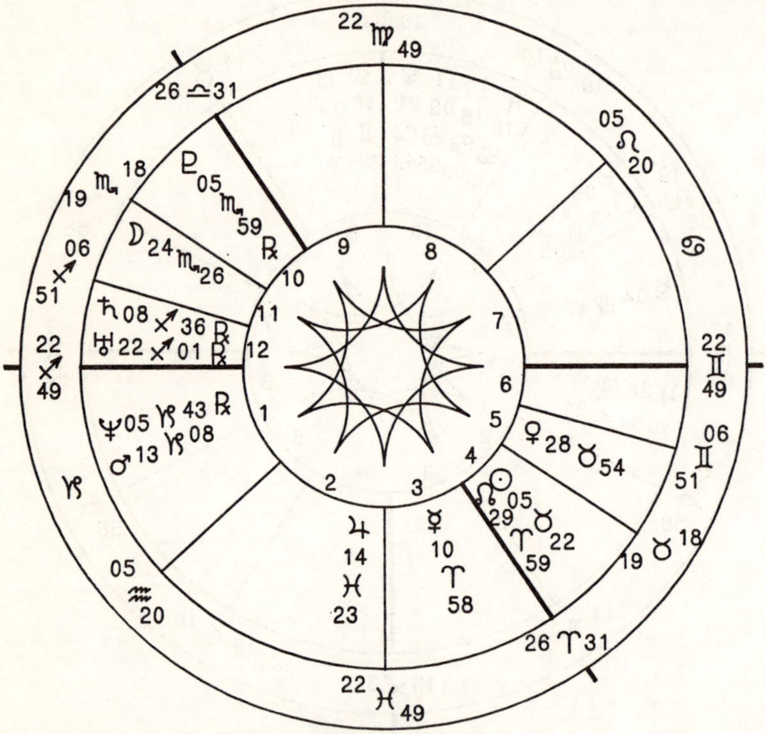

MAPA NATAL

ACIDENTE DE CHERNOBYL
26 Abril 1986 1h 23m 0s XXX
PLACIDUS 51N17 30L15

Mapa 8

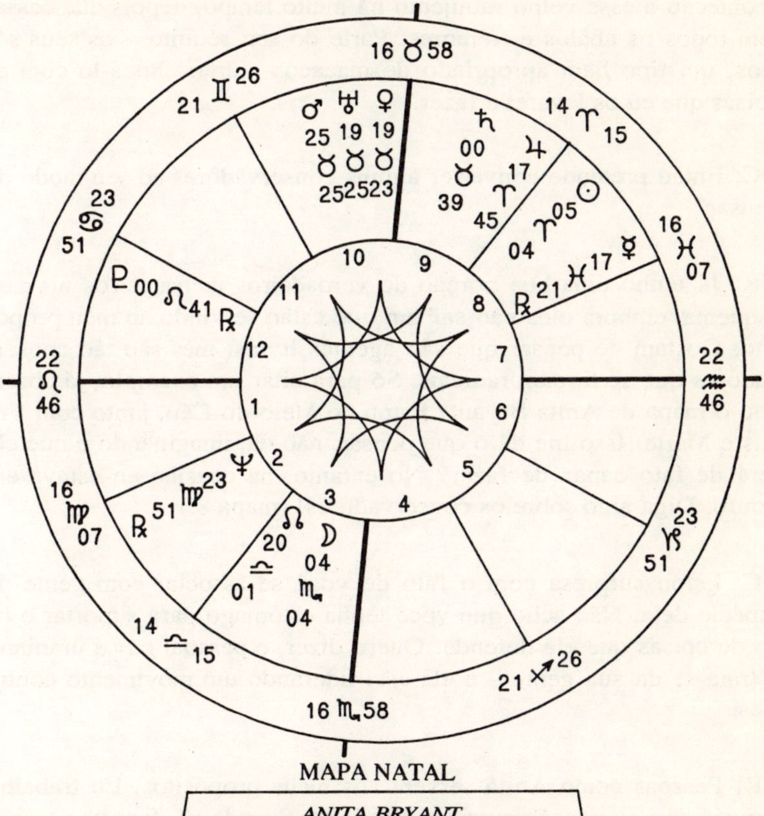

MAPA NATAL

ANITA BRYANT
25 Março 1940 15h 10m 0s CST
PLACIDUS 36N34 96O10

UR: Não costumo de modo algum considerar o futuro, porque esse janota quer limitar o meu estilo. Sabe como? Impondo disciplina, limites e todas essas baboseiras infantis. Está certo, ele obterá mais do que barganhou quando eu for seu inquilino. Serei a melhor coisa que aconteceu a esse velho rabujento há muito tempo, depois que cessarem todos os abalos e tremores. Parte do seu séquito – os seus sócios, um tipo bem apropriado de macacos – irão chocá-lo com as coisas que eu os levarei a fazer.

DC: Então pretende converter alguns conservadores ao seu modo de pensar?

UR: Já tenho uma boa porção de verdadeiros mensageiros no meu esquema, embora eles não saibam que estão servindo ao meu propósito. Gostam de pensar que são agentes livres, mas são tão conservadores que se tornam radicais. Só para citar um exemplo, já observou o mapa de Anita Bryant? Estou no Meio-do-Céu, junto com Vênus e Marte. Isso lhe dá o que pensar, não dá, imaginando o que ela será de fato capaz de fazer? No entanto, na ocasião eu estava em Touro. Diga algo sobre os conservadores! (mapa 8.)

DC: Estou surpresa com o fato de você se associar com gente da espécie dela. Não acho que você tenha estômago para suportar o tipo de coisas que ela defende. Quero dizer, o pessoal *gay* é uraniano – trata-se da sua gente – e ela está liderando um movimento contra eles.

UR: Pessoas como Anita servem aos meus propósitos. Eu trabalho através da polarização e crio a discórdia. Sacuda-os, faça as pessoas pensar. Não me importo com O QUE eles pensam, saiba disso; eu só quero que PENSEM.

DC: Essa é uma perspectiva estranha. . . tão. . . não sei dizer. . . tão indiferente. Mas dá impressão de que alguns signos são melhores do que os outros.

UR: Deixe de bobagem! Todos os signos são iguais! Apenas trabalho de forma diferente e com coisas diferentes, dependendo do signo. Não escondo o fato de que me senti perfeitamente à vontade em Sagitário; não precisei trabalhar demais, visto que se trata de um signo intelectual por si mesmo e que também aprecia a liberdade. Mas ele é um PRECONCEITUOSO! E tem tanta certeza de estar com a razão! Bati bola com esse pomposo velhaco. Depois, também tive de aceitar ataques a meus alvos prediletos – religião, educação e lei. Na ortodoxia. VIVAAA! Há anos que eu não me divertia tanto!

DC: Então explique: você muda de tática de acordo com o signo?

UR: Trabalho bastante utilizando-me dos elementos. Nos signos de Ar, trabalho com as idéias; nos signos de Água, lido com as resistências emocionais; nos signos de Terra, uso a materialização e ajo nos signos de Fogo através de ações que criem impacto. Alguns signos dificultam as coisas para mim – os signos aquáticos, por exemplo, gostariam de me afogar. Trata-se de um trabalho sujo; contudo, alguém tem de fazê-lo, caso contrário a raça humana se mumificará.

DC: Este é um livro sobre os problemas de cura relacionados com os planetas exteriores. O que se pode fazer para curar problemas uranianos? Estamos usando instrumentos como rosários e essências florais.

UR: Você falou em rosário de contas? Deve estar brincando! E esse material – as essências florais – para mim não é suficientemente científico. Mas como ousa sugerir que uranianos precisam de cura? Todos eles são MUUUUIIIITTÍISSIMO evoluídos! Quem precisa curar-se é a sociedade, e os uranianos percebem isso com bastante clareza. É isso que lhes traz problemas. No entanto, não se trata de um problema DELES, mas de um problema da sociedade. Se você tiver um problema relacionado com Urano trate de sair e iniciar a mudança do mundo. Faça protestos! Faça demonstrações! O que há com você? O que anda fazendo em favor do bem coletivo?

DC: Sou astróloga. Considero a astrologia como um agente das transformações.

UR: Ah, é? O que é que põe em movimento? Apenas fica sentada diante desse círculo silencioso, com todos esses desenhos riscados nele!

DC: Bem, trata-se de um estilo alternativo de vida. As instituições não nos dão o devido valor e nenhum de nós está enriquecendo com isso. As pessoas nos ridicularizam.

UR: Sim, está certo; se um número suficientemente grande de pessoas a chamar de burra, pode ser que você tenha de arranjar uma sela. Esse estilo de vida alternativo que você leva é um estilo danado de inofensivo. Agora, os motoqueiros, desses sim é que eu gosto muito. Eles obtêm todas as informações necessárias para a defesa de suas crenças, e ó garota, eles abalam as pessoas! Ah, sim, essa é a minha gente!

DC: Mas a astrologia também abala as pessoas, além de ampliar-lhes a consciência.

UR: Concordo com o fato de a astrologia ser algo que chocou as pessoas nos anos 60. Naquela época era como um foguete propulsor de consciência para as massas; nessa ocasião eu estava em destaque, junto com Plutão. Mas agora ela está bastante "manjada". Todos já deram cabo dela.

DC: Ah, não! De vez em quando ainda encontro um cliente "virgem", e a primeira interpretação do mapa dessa pessoa de fato causa um choque em sua mente.

UR: Vocês todos estão muito à vontade agora. Conferências nacionais, organizações, certificados e currículos de astrólogos. Mas o que devem saber é que a seguir terá de haver diplomas. Ou melhor, CERTIFICADOS UNIVERSITÁRIOS; Mas o que isso tem a ver comigo?

DC: Mas nós precisamos de padrões!

UR: Ora, isso é esterco de vaca. Você precisa pôr as pernas para andar, assumir riscos, criar um território novo, fazer uma contestação.

DC: Não me sinto pronta para isso. Estou muitíssimo bem onde estou. Mais uma pergunta: sei que há um longo caminho a percorrer e que o futuro depende do que acontecer agora – livre-arbítrio e coisas afins. No entanto, pode nos dar uma idéia do que esperar com Urano em Aquário?

UR: Não quero me estender sobre o assunto, porque o tipo de mudanças nas quais trabalho depende um bocado da força do impacto. Mas lhe direi o seguinte: farei previsões secretas do que se pode esperar da Era de Aquário.

DC: Ah, é claro, estamos esperando por ela. Acaso não se sente orgulhoso de ter uma era toda sua?

UR: Ora bolas! Eu poderia tê-la criado sozinho. Mas todos esses pregadores espirituais que andam fazendo previsões terão algumas surpresas. Eles pensam que será um céu. Que todos viveremos em PAZ! Paz? Harmonia? Acham que será uma "sopa", um sonho mortal da Era de Peixes. Nunca fui a favor da paz. Eu? Urano? Dê-me um tempo! Terei de causar uma divisão. Veja, acho que sim.

DC: Espero que não, ao menos não a curto prazo. Crie novos territórios. Faça uma contestação.

Capítulo VII

O ADOLESCENTE, O ETERNO ADOLESCENTE E O QUARENTÃO[1]

O que o adolescente, o eterno adolescente e o quarentão têm em comum? Sua psicologia, como veremos, apresenta muitas semelhanças. Eles compartilham de muitos dinamismos do planeta Urano, pelo fato de estarem lutando para descobrir sua identidade e individualidade, no intuito de estabelecerem seu lugar no mundo. Isso é feito de uma maneira que os deixa em desigualdade com a sociedade. Eles desafiam e, muitas vezes, excedem as expectativas da sociedade e se recusam a fazer qualquer adaptação. Na verdade, sua única característica mais importante é que os desaprovamos.

Seus mapas também estão muitíssimo associados com o planeta Urano, temporariamente, no caso do adolescente e do quarentão, e permanentemente, no caso do eterno adolescente. Neste capítulo, o círculo com Aquário no Ascendente aprofundará nossa compreensão acerca dos adolescentes e dos quarentões. Para vislumbrar algo acerca dos eternos adolescentes, analisaremos os mapas de alguns agitadores.

A Finalidade da Adolescência

Será a adolescência apenas um período de tentativas por que se tem de passar – um campo minado que os adolescentes e seus pais precisam cruzar com muita cautela? Ou, tratar-se-á de uma fase proveitosa da vida? Ao estudarmos o desenvolvimento humano aprendemos que a adolescência é um processo crucial e positivo. A pessoa jovem está lutando para obter uma identidade separada e abandonar a dependência infantil. Concordo que o processo é árduo, repleto de abalos e de rebeldia emocional. Mas se os pais e os adolescentes entenderem o que está acontecendo e se comunicarem, o período pode ser mais fácil para todos os envolvidos.

Os astrólogos acreditam que Urano rege a adolescência. No entanto, Urano é uma parte permanente do nosso mapa e se torna ativo devido aos trânsitos durante toda a nossa vida. Os adolescentes não constituem uma raça à parte – a luta pela identidade e pela independência dura a vida toda. Os adultos que consideram os adolescentes muito diferentes, reprimiram a dolorosa luta pela qual passaram para se tornarem adultos. Para analisar a adolescência, escolhi o círculo com Aquário no Ascendente, visto que Urano e seu signo, Aquário, se relacionam mais de perto com esse período. Levantei um mapa com Aquário na Primeira Casa e com os outros signos posicionados nas outras casas, em seqüência. Como perceberão durante as descrições, este instrumento nos permite descobrir muitas verdades valiosas. Também nos faz discernir períodos uranianos da vida, como quando se completa quarenta anos; nos dá percepções intuitivas sobre os recém-divorciados, ou sobre outras épocas de mudanças súbitas e inesperadas. Peguem as interpretações, apaguem as referências à adolescência, e terão um quadro da psicologia das pessoas de qualquer idade que estiverem passando por um desses períodos de convulsão.

AQUÁRIO NA PRIMEIRA CASA – A Primeira Casa representa o envoltório exterior da personalidade, inclusive a aparência física, o vestuário, os maneirismos e a fachada que usamos para lidar com o mundo. A roupa, a aparência dos adolescentes é cheia de novidades e moderna como Aquário, mudando freqüentemente de estilo para continuar nova e diferente e para separá-los de uma forma clara do mundo dos adultos, embora às vezes de modo chocante. Essa, naturalmente, é a finalidade – demonstrar que são separados e diferentes. Se os estilos mudam com freqüência, o mesmo acontece com a identidade dos jovens também, experimentando uma para descobrir outra, de fato, mais apropriada.

Aquário é o signo do grupo, e, na Primeira Casa, mostra a importância da gangue ou da turma. A coisa que os adolescentes mais desejam é pertencer a um grupo; portanto sua roupa, sua aparência e sua gíria adaptam-se ao que é *in* no momento. Ser amigável e "frio" é aquariano. Os adolescentes aspiram quase com desespero a serem "frios", fingindo que nada os incomoda, quando na realidade a adolescência é um período de doloroso torvelinho.

PEIXES NA SEGUNDA CASA – A Segunda Casa representa o dinheiro e aquelas coisas – tangíveis ou intangíveis – a que damos valor. Aqui, o signo de Peixes mostra que os adolescentes se sentem confusos quanto aos valores, mudando de um para outro, à medida que vivem ou deixam de viver as emoções. Os piscianos são idealistas, sobretudo no que se refere ao dinheiro, o que é comum entre os adolescentes. Sonhos com riqueza e fama alternam-se com a simpatia pelos desafortunados.

Nessa idade, é difícil as pessoas serem realistas quanto a ganhar e a usar o dinheiro – os pais se queixam de que os garotos acham que dinheiro cresce nas árvores. Isto é compreensível, visto que poucos garotos têm experiência prática em ganhar e administrar seus próprios recursos. Eles ainda estão se tornando mais conscientes do dinheiro e da magia que ele parece exercer, enquanto ainda operam com a percepção infantil de que o dinheiro aparece como que por força de mágica sempre que os pais julgam conveniente colocá-lo à disposição. Trata-se então de um milagre de pouca monta o fato de que neste estágio, o dinheiro seja uma substância mística e mágica que aparece e desaparece de modo misterioso. Com a experiência prática, para a grande maioria de nós o dinheiro se torna mais real, mas muitos de nós ainda conservam algumas fantasias da adolescência sobre o dinheiro.

ÁRIES NA TERCEIRA CASA – A Terceira Casa representa o pensamento, as comunicações e os parentes próximos. Áries é extremamente competitivo, e a competição é uma parte muito importante do modo de raciocinar dos adolescentes. No colégio, os esportes são populares – tanto para participar como para se encontrar – e o herói do time de futebol é muito mais considerado do que o estudante premiado com medalhas. Os adolescentes já estão absorvendo a busca dos adultos pelo status, e saber a posição que se ocupa em relação com os outros também faz parte do processo de estabelecer uma identidade. Infelizmente, seus instrumentos hierárquicos (líder mental, rainha do passeio, presidente do corpo acadêmico) não têm muito que ver com o sucesso do mundo real. No entanto, o "fracasso" nessas áreas tende a levá-los a ter sobre si mesmos uma opinião pobre, que permanece durante toda a vida. Os pais podem ajudá-los, apoiando e louvando os talentos de sua prole e criando oportunidades para que os filhos desenvolvam suas habilidades.

Os padrões de comunicação entre grupos de adolescentes também podem ser arianos – competitivos (hierarquia), diretos e, com freqüência, agressivos. Falar grosso e bancar o machão costuma acobertar medos e inseguranças. Esse comportamento também tende a dar aos adolescentes coragem para enfrentar tarefas adultas assustadoras, pois agir "como se fossem adultos" ajuda-os a passar por novas situações com autoconfiança.

A Terceira Casa também mostra o relacionamento com os irmãos, as irmãs e os parentes próximos. Aqui a competividade ariana se revela na intensa rivalidade fraternal que vemos tantas vezes nessa etapa – brigas, tentativas verbais e físicas para dominar e hostilidade ativa. Às vezes, irmãos e irmãs são os competidores mais certos; outras vezes eles simplesmente estão no caminho, e, de vez em quando são vítimas da raiva recolhida contra a figura da autoridade. A rivalidade fraternal pode ser intensa, mas em geral trata-se apenas de uma fase.

TOURO NA QUARTA CASA – A Quarta Casa nos mostra o que nos dá segurança e o modo como consideramos a função protetora dos nossos pais, em geral da nossa mãe. Esse posicionamento é um dos paradoxos da rebeldia aquariana. Touro é quente e estável, mas honestamente conservador. Assim, mesmo que os adolescentes protestem contra o fato de os pais estarem "fora de moda", na verdade obtêm deles uma boa dose de segurança. Eles precisam da estabilidade no lar e extraem paz de espírito das tradições e da rotina. Mesmo que possam não permanecer em casa para saborear isso, eles gostam de saber que contam com comida na mesa e com um teto sobre a cabeça.

Embora os adolescentes pareçam modificar-se constantemente (Aquário na Primeira Casa), eles não desejam que seus lares ou seus pais se modifiquem tanto ou da mesma forma; se lhes perguntarmos, não querem que papai e mamãe sejam modernos. Pais que tentam acompanhar a moda e os estilos atuais enfrentam um grau surpreendente de ressentimento. Uma solidez imutável dentro do lar dá aos adolescentes algo definido contra os que se rebelaram a fim de se afirmarem como indivíduos diferentes e separados – um processo pelo qual os adolescentes precisam passar enquanto rumam para a condição de adultos.

A Quarta Casa também mostra a mãe e o modo como a vemos. Touro é um signo caloroso, prático e maternal-terreno, e é dessa forma que basicamente os adolescentes consideram a mãe. "Ela não é muito inteligente, mas está sempre presente quando preciso dela." Touro se relaciona com dinheiro, e, naturalmente, eles acreditam que o terão se apenas puderem persuadi-la a dividi-lo com eles. Se você acha essa descrição pouco lisonjeira, espere até chegarmos à Décima Casa, que é como eles se sentem a respeito do pai!

GÊMEOS NA QUINTA CASA – A Quinta Casa tem ligação com os casos amorosos, as atividades durante o tempo de lazer, os filhos e a criatividade. Nesta posição, Gêmeos mostra que irmãos e irmãs são vistos apenas como "meras crianças". A natureza dos romances entre os adolescentes é geminiana – inconstante, mutável e existente sobretudo na imaginação. Gêmeos significa comunicação, e os adolescentes falam durante horas sem fim sobre seus amores atuais, ou têm longas conversas com seu atual namorado, enquanto a conta telefônica chega às alturas. Mas a comunicação é uma das habilidades juvenis que o namoro ajuda a desenvolver – eles aprendem o que o sexo oposto pretende e aprendem como falar com ele. Ao mesmo tempo, o amor é uma base segura para eles descobrirem algo sobre si mesmos e para aprenderem a expressar seus sentimentos. Sendo a auto-expressão um dos subprodutos dessas conversas sentimentais, você se importa tanto assim com o fato de a sua conta de telefone ficar tão alta? Pena que não possa deduzi-la do imposto como custos de ensino, visto que não deixa de ser exatamente isso.

CÂNCER NA SEXTA CASA – A Sexta Casa é a casa do trabalho e da saúde. As oportunidades de trabalho para os jovens em geral se orientam para o lar, a alimentação ou para a família, tal como o signo de Câncer (babás, jardineiros, restaurantes para lanches rápidos, ou a empresa familiar). Trata-se de uma fase crucial para o desenvolvimento, permitindo que os jovens tenham segurança enquanto testam suas reações ao mundo do trabalho.

Muitos problemas juvenis de saúde se relacionam com conflitos gerados pela dependência, com aumento de peso e com uma alimentação típica deficiente do ponto de vista da nutrição. Neste estágio da vida, regidos pela Lua, desenvolvem-se os seios e a menstruação, gerando turbulência emocional e biológica. A dependência também parece estar na raiz de um dos principais problemas juvenis de saúde – a gravidez. Uma em quatro garotas sexualmente ativas fica grávida. Nos anos em que trabalhei como assistente social numa clínica pré-natal, descobri que as adolescentes não engravidavam para tornar-se mais independentes. Ao contrário, a gravidez as acorrentava mais intimamente às suas mães. Mães em fase de adolescência têm mais problemas de saúde e complicação na gravidez. A bebida é outro problema que afeta a saúde, e um adolescente em cinco se torna um alcoólatra problemático de 12º. Neste caso, o abuso de álcool também parece relacionar-se com conflitos relativos à dependência e às tentativas de enfrentar as convulsões emocionais da adolescência, enquanto conserva aquela querida fachada de frieza aquariana.

LEÃO NA SÉTIMA CASA – A Sétima Casa revela a sua capacidade para relacionamentos e compromissos duradouros, e a principal preocupação de Leão é o Self. A maioria dos adolescentes não desenvolveu a capacidade da entrega e não sabe compartilhar, portanto, durante essa fase a maior parte dos casamentos fracassa. Tipicamente, os adolescentes agem como se o mundo girasse à sua volta, e a maioria também é narcisista demais para fazer a sua parte no relacionamento. Isso é correto assim, pois o principal compromisso neste estágio é procurar descobrir-se e se desenvolver. Enquanto não tiverem uma identidade estabelecida, um centro firme e verdadeiro, eles não podem relacionar-se totalmente sem se desequilibrarem.

VIRGEM NA OITAVA CASA – O nascimento, o sexo e a morte são assuntos relativos à Oitava Casa. Atualmente, mais adolescentes estão envolvidos em relações pré-maritais do que no passado, e os pais precisam estar conscientes do fato. Ao lado do crescente desenvolvimento da prática sexual entre os jovens, Virgem na Oitava Casa revela que eles não estão emocionalmente preparados para lidar com sexo. Virgem é um signo inibido, virginal, não é liberado quanto ao assunto sexo. Cada vez mais jovens estão sendo induzidos às práticas sexuais para sentir-se parte do grupo. Engajar-se na sexualidade antes de estar preparado pode ser emocionalmente prejudicial. É claro que a maturidade é um assunto individual – um jovem de dezesseis anos pode ser mais maduro que outro que tenha dezoito ou dezenove anos.

LIBRA NA NONA CASA – A Nona Casa lida com a educação superior e com a nossa filosofia de vida. Com Libra na Nona Casa, a principal decisão que um adolescente pode ter de tomar é decidir entre o colégio e o casamento. Alguns, naturalmente, vêem a universidade primeiro como um local onde encontrar um parceiro adequado. O casamento e a criação de uma família também podem interromper os estudos. Muitos jovens acreditam que, se ao menos conseguirem encontrar o cônjuge ideal, viverão depois felizes para sempre. Assim, transformam a outra pessoa num Deus e esperam que essa pessoa atenda a todas as suas necessidades. É desnecessário dizer que isso não funciona. Libra na Nona Casa também pode contribuir para o idealismo do adolescente, para a autêntica crença na justiça e no jogo limpo (espírito esportivo).

ESCORPIÃO NA DÉCIMA CASA – Esta casa tão significativa mostra como lidamos com quem detém a autoridade, principalmente o pai. Autoridade é um assunto tão importante que os adolescentes têm de resolver e eles o abordam com a intensidade emocional característica dos escorpianos. Muitas vezes, eles vêem o poder como corrupto e controlador, ao mesmo tempo que percebem e se ressentem de qualquer discrepância entre o que os adultos pregam e o que eles fazem; os pais são os mais agudamente examinados. Como o ferrão do escorpião, os adolescentes perturbados fazem certas coisas por despeito, a fim de ferir seus próprios pais, embora eles mesmos fiquem os mais machucados durante o processo. Qualquer indicação de que você está tentando dominá-los fará com que resistam ou contra-ataquem.

Verdade seja dita em favor dos jovens; os pais e outros adultos podem ser autoritários demais, porque sentem que sua autoridade está sendo desafiada e que seu poder está fugindo ao controle. É possível que aconteça uma luta pelo poder em que nenhuma das partes pretende ceder uma polegada. No entanto, a função-chave de Escorpião é a transformação, e o processo de resistir à autoridade paterna faz parte da luta que o adolescente enfrenta para se transformar de uma criança em adulto. Trata-se de uma luta amarga; caso se pareça muitas vezes com o ferrão de um escorpião, isso será uma simples indicação de que a pessoa jovem está tendo uma tremenda dificuldade para fazer essa transição.

A Décima Casa também mostra o que a pessoa espera concretizar durante a vida, e Escorpião nessa posição revela grande parte do idealismo juvenil. O jovem acredita, com grande intensidade, que é possível melhorar este mundo problemático em que vivemos. Se lhes parece que a única maneira de realizar essa mudança consiste em destruir o sistema atual, isso também é uma atitude escorpiana – morte e renascimento – e mostra por que nossa tendência é ser mais radicais quando somos jovens.

SAGITÁRIO NA DÉCIMA PRIMEIRA CASA – A Décima Primeira Casa revela nossos amigos, nosso relacionamento nos grupos, e nossas esperanças, sonhos e desejos. Sagitário é um signo expansivo e gregário que deseja aprender e crescer. Em primeiro lugar, os jovens aprendem com os amigos, o que pode levar a um ensinamento pobre em detalhes, ou exagerado, mas que ainda afirma saber tudo. Tudo o que o melhor amigo disser será aceito ao pé da letra.

Muita evolução, entretanto, pode provir de grupos e de organizações aos quais os adolescentes pertencem. Até mesmo os grupos relacionados com os esportes ensinam o trabalho de equipe e outras habilidades importantes para a vida. Quanto às esperanças dos jovens, o fato de serem otimistas e expansivas, é tudo no bom sentido. Não se poderia chegar a nenhum lugar se não tivéssemos grandes expectativas logo no ínicio.

CAPRICÓRNIO NA DÉCIMA SEGUNDA CASA – Esta casa mostra os motivos e segredos subjacentes que mantemos ocultos de nós mesmos e dos outros, bem como o comportamento autodestrutivo. Com Aquário na Primeira Casa, os adolescentes parecem estar empenhados demais em afirmar a própria individualidade. No entanto, Capricórnio na Décima Segunda Casa mostra que, sob tudo isso, os jovens são muito mais conservadores do que gostariam que imaginássemos e bastante mais motivados pela necessidade de segurança. Sua rejeição automática aos meios estabelecidos de fazer as coisas é uma fachada; parte da luta para desenvolver uma identidade separada, e não da verdade completa sobre aquilo em que os jovens, em última análise, se transformarão.

O comportamento autodestrutivo é revelado pelo signo que estiver na Décima Segunda Casa. Nessa posição, Capricórnio reitera o fato de os adolescentes poderem lidar de forma bem autodestrutiva com os temas relacionados à autoridade e à individualidade. Alguns se revoltam contra qualquer tipo de autoridade; outros se submetem, com exceção ao que se refere ao desenvolvimento da própria individualidade. Alguns fogem à responsabilidade, outros assumem mais do que podem quando ainda muito jovens, em sua ânsia por se tornarem adultos. Chegar a extremos nessas questões é destrutivo; para dominar com maestria esta fase de desenvolvimento é necessário um sutil equilíbrio.

Tenho a esperança de que essa viagem ao redor do Círculo com Aquário no Ascendente tenha esclarecido alguns dos motivos para o comportamento por vezes intrigante dos jovens. Cada um de nós, em nossa luta para nos tornarmos pessoas amadurecidas, passou por essa fase. Se já a esquecemos, se passamos a pensar nos jovens como "eles", nesse caso reprimimos essa luta porque ela foi penosa. Se você lida com adolescentes, talvez deseje ler mais alguma coisa sobre a psicologia da adolescência. Como veremos, os pais e professores que estão por volta dos quarenta anos também vêm passando por importantes trânsitos de Urano, o que significa que conflitos não resolvidos durante a adolescência voltaram à tona e podem aumentar seu mal-estar ao ficar junto dos jovens.

Para ter uma compreensão mais honesta de um determinado jovem, o mapa natal e os trânsitos podem ser úteis. O jovem que tem

Urano forte pode passar por uma época bastante difícil durante a adolescência por causa disso. Isso incluiria as pessoas com Urano na Primeira ou na Décima Casa, formando aspecto com o Sol ou a Lua, Urano com numerosos aspectos ou Urano numa configuração dinâmica, tal como uma quadratura-T ou uma grande cruz. Isso representa uma pessoa que precisa firmar sua independência e individualidade a qualquer custo. Em geral, essas pessoas seguem por trilhas não habitualmente usadas, e a tarefa de sua vida muitas vezes implica alguma contribuição ímpar. Se você estiver envolvido com jovens desse tipo, faça o melhor que puder para valorizar sua individualidade e para libertá-los, permitindo que sigam seu caminho, que pode ser tão diferente do seu, a ponto de se tornarem pessoas estranhas.

O Eterno Adolescente

Esta parte do livro é um problema. Ao procurar por segmentos da população a quem pudesse chamar de eternos adolescentes, eu já sabia que algum desses segmentos protestaria, dizendo que seu comportamento não se assemelha ao dos adolescentes – eles estão contestando os valores sociais.

De fato, pode-se dizer que todos os tipos uranianos vêm fazendo uma contestação social. Os *gays* fazem isso; os motoqueiros também. Mesmo os que usam corte de cabelo e roupas no estilo *punk* estão contestando a sociedade.

Na verdade, pode-se afirmar que cada um de nós faz uma contestação social nas áreas da vida regidas por Urano em nosso mapa, a menos que fiquemos com medo e nos conformemos às normas (essas áreas referem-se às casas em que estão Urano e Aquário, e os planetas aspectados por Urano). Nesses setores da vida, discordamos do que a sociedade afirma que temos de ser e tratamos de subverter as normas através de ações ou omissões cuja intenção é causar impacto. Somos idealistas, provocantes, arrogantes e, resumindo, iguaizinhos aos adolescentes. Não se trata apenas do fato de estarmos exercendo nossa liberdade de escolha, visto que, se o que estamos defendendo se torna moda, faremos uma súbita reviravolta e defenderemos exatamente o oposto. Ser marcadamente diferente em algum setor da vida é uma válvula de escape para a individualidade, impedindo que nos tornemos verdadeiros autômatos.

As pessoas com Urano na Primeira Casa fazem sua contestação social através da própria aparência; as que têm Urano na Segunda Casa, reagem por meio do seu salário e do modo de gastá-lo; na Terceira Casa, a reação acontece por meio dos padrões de fala e pensamento; na Quarta Casa, trata-se do ambiente do lar ou então da falta do mesmo. Quando Urano está na Quinta Casa, a contestação social ocorre nas opções românticas ou é representada pelo que os filhos são disfarçadamente encorajados a se tornar. Na Sexta, a contestação social acontece nas mudanças repentinas de emprego, precipitadas pelo fato de a pessoa não gostar das regras estabelecidas ou de não se conformar com elas. Ou então, se não houver absolutamente nenhuma outra saída, a contestação pode ocorrer através de acidentes.

Na Sétima Casa, o parceiro no casamento, ou a sua ausência, tornam-se o nosso modo de contestar; na Oitava Casa, contestamos a sociedade através das nossas tendências sexuais incomuns ou incorrendo em enormes débitos; na Nona Casa, contestamos através da política radical, das religiões que nada tenham de tradicional, ou da recusa em completar a nossa educação. Na Décima Casa, a contestação assumirá a natureza de um anúncio público – ninguém deve deixar de ver o nosso desafio à sociedade ou às expectativas sociais quanto à nossa carreira. Na Décima Primeira Casa, contestamos em grupo – ou através da escolha dos nossos amigos. Na Décima Segunda Casa, trata-se de um segredo; ficamos presos à nossa rebeldia; portanto, tropeçamos constantemente nela.

Agora que quase escapei à armadilha dessa questão, retrocederei insistindo que essas pessoas são, em última análise, eternos adolescentes. Alguém pode negar o fato? O último homem zangado; o rebelde sem causa; o excêntrico novidadeiro. Há os que nem conseguem descobrir o próprio íntimo, porque estão fazendo oposição constantemente. Se você lhes disser para virarem à esquerda, orgulhosa e desafiadoramente eles se voltarão para a direita, rindo à socapa da sua escolha desajeitada pela esquerda – e caminharão diretamente para o poço aberto, o que você quis evitar ao sugerir-lhes para virarem à esquerda. Essas pessoas em geral são bastante inteligentes (Urano nunca é tolo) para descobrir alguma maledicência social onde extravasar a sua terrível contrariedade. Embora esteja "fora de moda" invocar Freud, imagino ouvi-lo resmungando lá fora, dizendo que Urano provoca fixações anais.

Para abordarmos um grupo com segurança, tomemos os motoqueiros. Poucos deles irão ler isto, se é que algum deles fará tal coisa, e trata-se de uma magnífica oportunidade para eu publicar a minha coleção de mapas de motoqueiros. Num certo ponto, tive um relacionamento com um deles, pois me casei com ele; até me foi sugerido que eu escrevesse uma coluna de conselhos astrológicos correta para a revista *Easy Reader* sob o pseudônimo de *Moon Mamma* (Mamãe da Lua). De certo modo, temos de admirar os motoqueiros. Eles fazem exatamente tudo o que desejam, abalam as convenções sociais, e ninguém se mistura com eles. Está certo de que se trata de um protesto à sociedade, não de um combalido protesto intelectual, mas de um protesto vivo, tempestuoso e másculo. E como em todo outro grupo de marginais uranianos, existe dentro dele uma incrível pressão para que todos os membros se conformem às normas do grupo.

Aqui estão impressos os mapas de alguns motoqueiros e com sua permissão. ACREDITEM EM MIM, com permissão! Como me pareceu adequado para tais uranianos "encouraçados", comentarei seus mapas como um grupo, em vez de fazer um exame profundo deles como indivíduos. Embora esta seja uma amostra limitada, ao menos cobre alguns dos seus clubes. Meu amigo, o astrólogo John Ruskell, arriscou valentemente a vida tentando obter mais amostras de mapas de motoqueiros da área em que vive, mas teve pouco êxito ao tentar infiltrar-se no grupo: eles estavam convencidos de que John era um espião da polícia. Se você visse John uma vez, logo saberia que isso significa o auge da paranóia, mas os motoqueiros não confiam facilmente nas pessoas. Você poderá ver nos mapas que Plutão é um indício forte demais dessa desconfiança. Nisso Plutão ocupa o segundo lugar, perdendo em brilho apenas para Urano e Aquário. Os signos do elemento Fogo, particularmente Sagitário, ou são signos solares, lunares ou estão no Ascendente.

O Mapa 9 é o do mais famoso motoqueiro de todos, Evel Knieval; ao menos ele se tornou famoso usando sua moto. Ele tem Aquário no Ascendente, com a Lua em quadratura com a sua conjunção de Urano com o Nodo Sul. Sagitário está aí, com Vênus naquele signo no Meio-do-Céu.

O Mapa 10 é de um Anjo do Inferno, que tem uma quadratura-T com Urano, Mercúrio e Júpiter na Décima Primeira Casa. (Pessoas com Júpiter/Urano positivamente "cheiram a" Urano, na medida em que Júpiter os expande e torna mais seguros de seus direitos.) O elemento plutoniano consiste em Escorpião ascendendo e em Saturno em Escorpião no Ascendente. O Mapa 11, de um membro da quadrilha Vargos, tem a mesma mescla de Plutão/Urano, o Sol, Vênus e Mercúrio em conjunção em Escorpião, o qual faz um trígono com Urano. A Lua e Urano estão conjuntos em Leão em oposição a Júpiter em Aquário. O segundo Discípulo do Diabo, Mapa 14, também tem o Sol, Mercúrio e Vênus em conjunção, desta vez em Aquário, em oposição a Plutão e a Saturno. O elemento de fogo se revela em seu Ascendente sagitariano e em sua Lua em Áries. Os alunos interessados podem estudar esses mapas com mais profundidade e, se forem especialmente corajosos ou imprudentes, aumentar um tanto quanto o número de amostras.

Embora só fosse possível levantar um mapa solar, um último exemplo pode interessar aos alunos. Trata-se do mapa daquele motoqueiro, o presidente da quadrilha dos Discípulos do Diabo, Danny Coates, que sintetizou o código dos motoqueiros: "Viva intensamente, morra jovem." Ele nasceu em Boston, Massachussets em 21 de junho de 1944. Morreu da combinação de uma ferida causada por um tiro e uma trombada de carros em Fresno, na Califórnia, em 8 de junho de 1985, às 5:08 horas. Indaguei qual seria a finalidade psíquica dessa morte e me disseram que era para aprender tão rápida e dramaticamente quanto possível a lição do desencadeamento da vontade própria. Portanto, serviu para o seu grupo aprender isso também – algo tão Uraniano!

Agora que, com grande coragem, classifiquei os motoqueiros como eternos adolescentes, e covardemente evitei citar qualquer outro grupo, deixe-me dizer que é bem possível que não haja nada de errado em ser um eterno adolescente. No nível pessoal, parece con-

Mapa 9

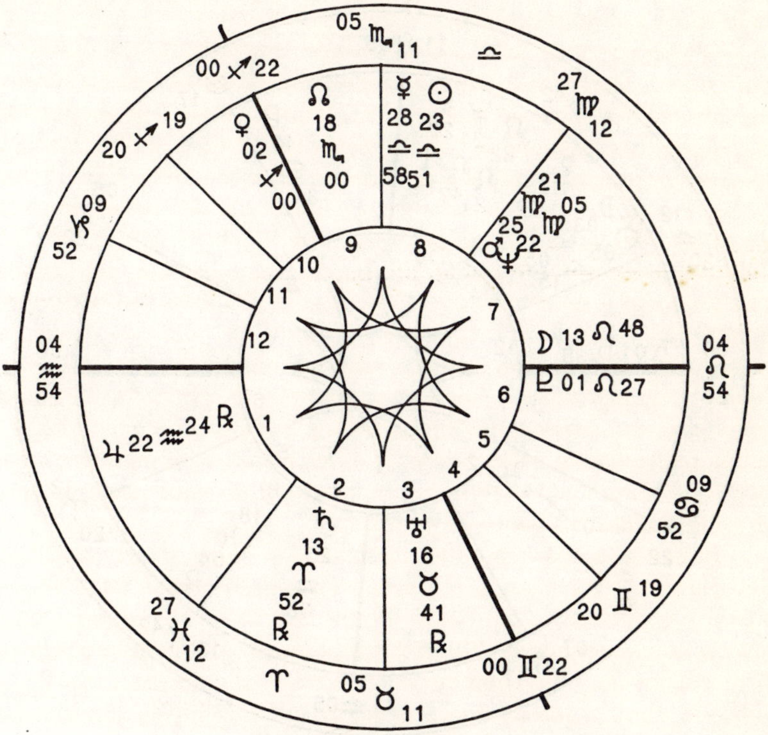

MAPA NATAL

EVEL KNIEVAL
17 Outubro 1938 14h 40m 0s MST*
PLACIDUS 46N0 112O32

*MST = Mountain Standart Time: Horário Padrão na Montanha

Mapa 10

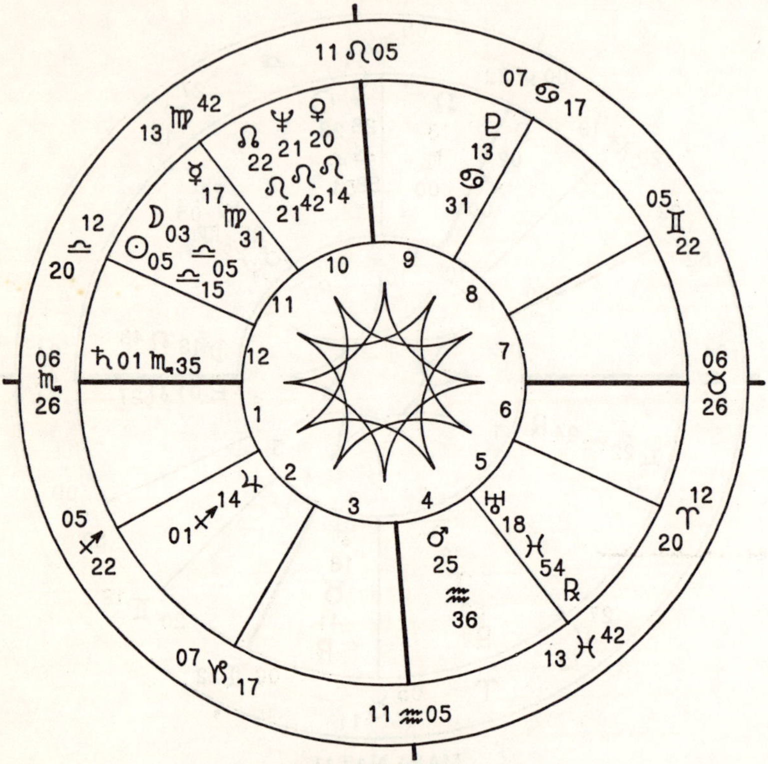

MAPA NATAL

ANJO DO INFERNO
28 Set. 1924 8h 15m 0s PST*
PLACIDUS 33N59 117O22

***PST = Pacific Standart Time: Horário Padrão do Pacífico**

Mapa 11

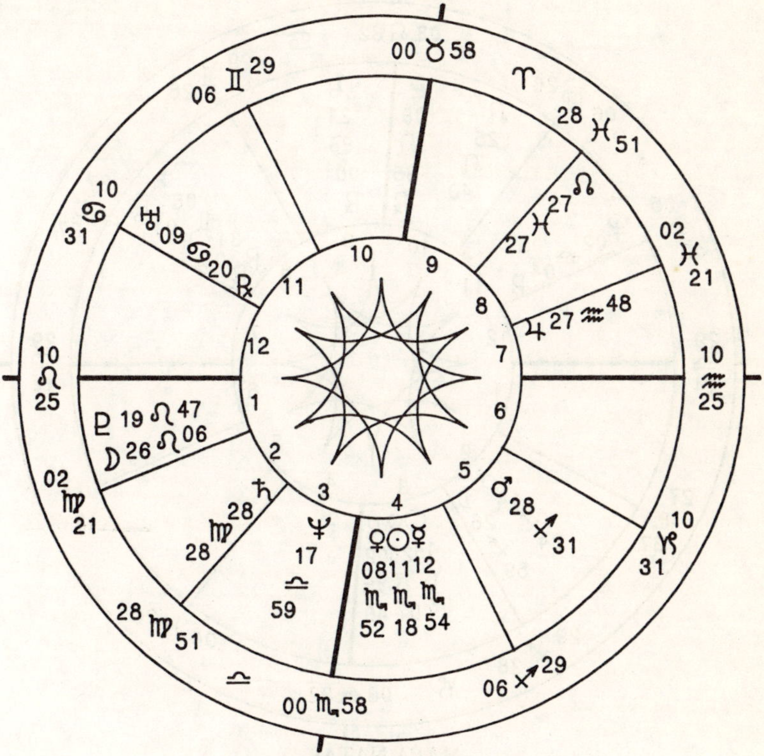

MAPA NATAL

MOTOQUEIRO (VARGOS)
3 Nov. 1950 23h 11m 0s PST
PLACIDUS 37N20 121O53

Mapa 12

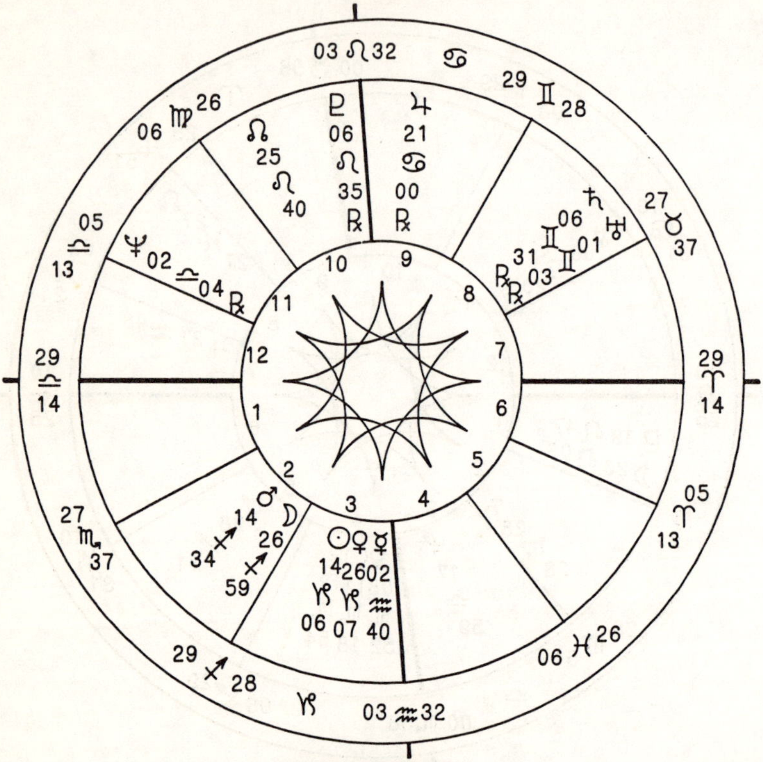

MAPA NATAL

COMANCHEROS
5 Jan. 1943 2h 50m 0s CWT*
PLACIDUS 37N14 95O42

*CWT = Central West Time: Horário do Centro-Oeste

Mapa 13

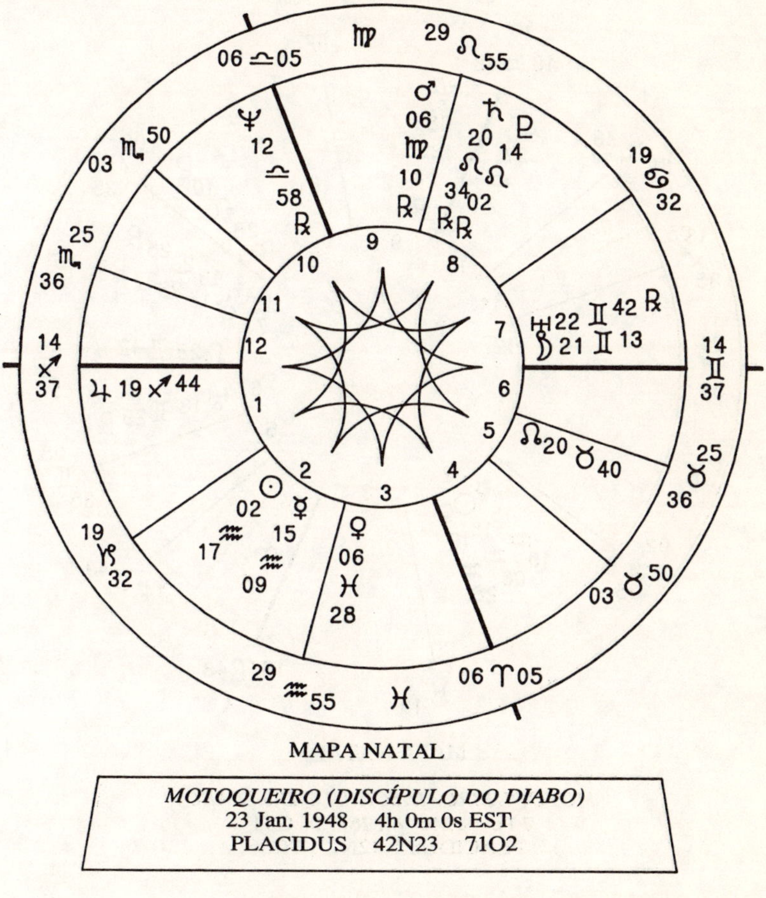

MAPA NATAL

MOTOQUEIRO (DISCÍPULO DO DIABO)
23 Jan. 1948 4h 0m 0s EST
PLACIDUS 42N23 71O2

Mapa 14

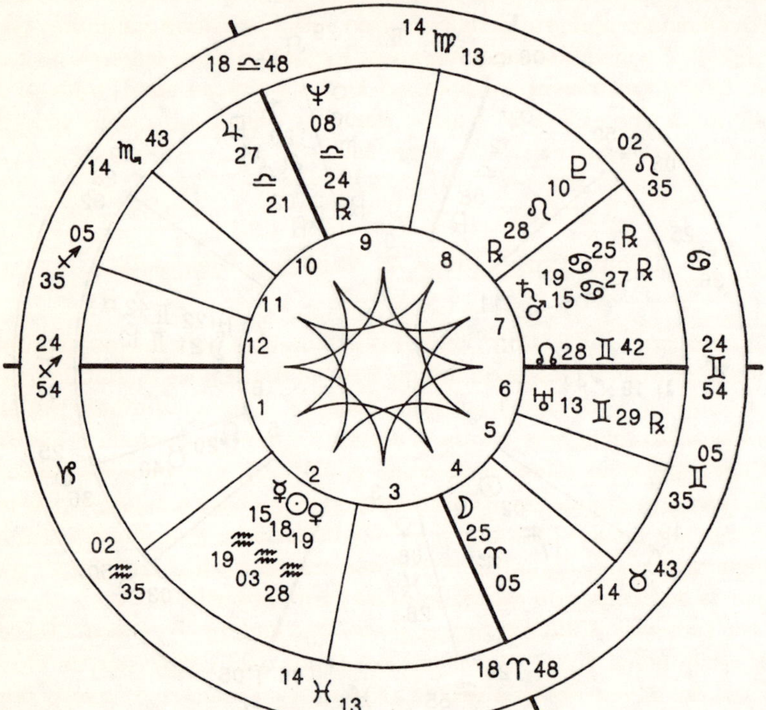

MAPA NATAL

MOTOQUEIRO (DISCÍPULO DO DIABO)
7 Fev. 1946 4h 26m 0s CST
PLACIDUS 42N2 96O6

traproducente, mas no nível social, pode nos manter a todos honestos, apontando a verdade sobre as roupas novas do imperador. Os uranianos representam o coringa do baralho, o Bobo do tarô.

Além disso, há uma fatia do eterno adolescente congelada em todos nós, esperando para degelar. Em geral, os trânsitos de Urano providenciam a eletricidade para isso, mas o período garantido para o degelo é a idade de quarenta anos. Repetidamente, entre os 38 e os 40, Urano em trânsito se opõe ao Urano no mapa natal: trata-se de uma nova adolescência. Vamos dar uma olhada no que o aguarda quando você passar por essa situação.

Como Enfrentar os 40 Anos com Elegância

Eis aqui outro título malicioso. Ninguém superou os quarenta anos com menos elegância do que esta autora. Entrei na minha quarta década de vida esperneando e chorando. Fiquei deprimida por antecipação durante seis meses. Também fiquei desesperada e ligeiramente agressiva; tentei uma coisa após outra que pudesse parecer adequada, que pudesse me satisfazer, que pudesse resolver o que me parecia ser a total desintegração da minha vida. Esse aniversário se agigantava como algum tipo de "encerramento do expediente" que eu teria de encarar ou estaria perdida para sempre.

Todas as soluções imagináveis me vieram à cabeça. Talvez trabalhar numa firma, dar à luz um filho, quem sabe sair de Nova York, ou talvez voltar à escola. Talvez. . . Finalmente, tive o bom senso de entrevistar outras pessoas prestes a completar os quarenta anos e que estavam tentando as mesmas opções particulares para dar novo rumo às suas vidas. Não importa o tipo de vida que levavam, ele já não lhes bastava. Eles também tinham um desesperado desejo de modificar tudo, sentiam a mesma terrível insatisfação. Estavam se divorciando, mudando de profissão, retirando-se para o campo, mudando-se para a cidade. Isso ajudou: saber que eu estava em território conhecido, que não era uma exceção. Uma mulher mais idosa definiu este período da vida com um nome delicioso que o resume bem: Furacão 40.

E então, a despeito de todos os esforços que fiz para deter o tempo, os quarenta chegaram. Dei a mim mesma uma enorme festa de aniversário – não queria passar esse dia sozinha. Uma tia me enviou uma carta nesse mesmo dia, contando que os seus melhores anos aconteceram depois dos quarenta, os anos mais excitantes de sua vida: solteira novamente, viajando, e trabalhando num emprego interessante. Saí desse aniversário ligeiramente enfatuada. Na verdade, sentia-me um pouquinho superior por ter quarenta anos, como se fosse uma pessoa madura que tivesse grande riqueza em termos de experiência, possivelmente até alguma sabedoria. Não me importava que as demais pessoas também atingissem essa idade – eu já tinha quarenta anos AGORA!

Ter quarenta anos nos faz crescer. Começa-se a compreender que se é dono do próprio nariz, que ninguém pode nos dizer o que fazer e não se deve satisfações a ninguém. Você começa a explorar essa liberdade, e então, quando não se fica com um medo mortal, ela é estimulante. Você faz coisas que o mundo exterior considera tolas – e as pessoas que estão a salvo, por não terem ainda chegado aos quarenta – ou por terem mais de quarenta, estalam a língua e dizem: "Você está agindo como um adolescente." E você ESTÁ, só que agora é um adolescente que tem carro, dinheiro e um pouco de experiência que o impedem de cometer os mais terríveis enganos. Sem dúvida, toda a sua vida você fez o que "eles" lhe disseram. Agora você decide inventar as suas próprias regras, descobrir uma nova vida e começar tudo de novo.

Os psicólogos *pop* murmurarão: "Crise da meia-idade." Os astrólogos dirão que "isso é Urano. . . e aquilo é Urano. . . e aquela outra coisa também é uraniana." Naturalmente, todos estão absolutamente certos. A crise da meia-idade – ao menos esta sua parte específica – é uraniana. O doloroso prurido da insatisfação, as experiências desordenadas, a liberdade estimulante, a vida, afinal, a sua própria pessoa.

Embora os trânsitos de Urano provoquem crises de identidade em qualquer idade, a oposição de Urano ao Urano natal, entre os 38 e os 40 anos de idade, é especial – uma crise de identidade da qual participam todos os que têm essa mesma idade. (Bem apropriado, não é mesmo, para Urano, o planeta dos grupos?) E é melhor você se ater ao seu grupo durante essa crise, porque ninguém mais a entende. Para pessoas com menos de 37 anos, a idade de quarenta é tão irreal como a morte, algo que acontece apenas aos outros infelizes. Os que têm trinta e oito anos, a menos que sejam extremamente precoces, estão sempre negando que isso acontecerá alguma vez a eles. Os que têm quarenta e dois já estão imersos no que vem a seguir. (Não lhes direi o que é – isso seria como revelar antes o enredo.)

No meu grupo particular de idade, a crise foi atenuada mais exatamente por pertencermos àquela geração que nasceu com a conjunção entre Urano/Saturno em 1941-42. Uma jovem infantil da conservadora geração dos anos 50, uma velha infantil dos radicais anos 60. Podem estar vivendo nesses anos, embora de fato não façam parte deles, e tanto mais se esforçam para pertencer-lhes. (Aqui nesses anos é intencionalmente vago, e se refere tanto aos anos 50 como aos anos 60, seja qual for a geração com a qual você primeiro se identificar). Vivemos entre uma e outra, e, sim, ARRANJAMOS AS COISAS DESSA MANEIRA, de modo a podermos atravessar a ponte da geração, suavizarmos as arestas, sermos uma força unificadora. Éramos necessários, mas muitas vezes foi doloroso. Agora que todos temos mais de quarenta e passamos pela oposição de Urano a essa conjunção, estamos livres afinal. "Por fim estamos livres, graças a Deus Todo-Poderoso, estamos livres, afinal!"

O que se tornou claro, à medida que observei as pessoas passando pela crise chamada dos 40 anos, é que essa crise específica de identidade é a quintessência das crises de identidade, algo com a qual todos nós podemos aprender alguma coisa. Para a maioria de nós, o que passa por uma identidade não é o verdadeiro Self (o Sol) ou o que é único em nós (Urano), mas os papéis que representamos. Papéis – formalmente, deveres e responsabilidades assumidos – são saturninos por natureza. À moda de Saturno, eles não dão estrutura; mas, à medida que o tempo passa, eles nos cristalizam, tornam nosso comportamento inflexível, limitam as definições que fazemos de nós mesmos e limitam nossas opções. Definimos a nós mesmos tanto pelas nossas limitações (Saturno) como pelas nossas capacidades. Urano segue Saturno no sistema solar, e os trânsitos de Urano representam um antídoto para a rigidez saturnina. Muitas vezes eles trazem consigo rupturas cruciais em nossos papéis, o que leva a crises de identidade.

Aos 40, a ruptura acontece pelo fato de os nossos filhos não precisarem mais de nós. Muitas vezes, eles também são criaturas uranianas – adolescentes ou adultos jovens – e estão lutando para se libertarem de nós. Nossos próprios pais, se estiverem por volta dos sessenta e um anos de idade, passam por uma quadratura de Urano com o Urano natal, uma convulsão que modifica nosso relacionamento com eles. Algumas vezes, a alteração nos papéis acontece porque sobrepujamos nossos parceiros ou eles nos superaram; nos desenvolvemos mais no emprego, ou, tecnologicamente os parceiros se desenvolveram mais do que nós (de novo Urano). Não mais queremos nem precisamos dos anéis de Saturno à nossa volta e sentimos os pruridos que nos impelem a redescobrir quem de fato somos, independentemente dos papéis que desempenhamos. (Se não nos dispusermos a isso, por medo ou inércia, se não tivermos a coragem de nos aventurar, o universo nos jogará para fora do ninho da mesma maneira, ao criar rupturas forçadas.)

Outro modo pelo qual a identidade é limitada por Saturno é através dos nossos preconceitos quanto à idade. Nossa cultura está tão concentrada em preservar e glorificar a juventude, que tornar-se um quarentão fica especialmente difícil. Trata-se do indiscutível marcador da meia-idade, quando você não pode mais negá-la. Já não valorizamos mais as pessoas mais velhas pela sua contribuição ou pela sabedoria que alcançaram com a sua experiência. Pensamos que ter 40 anos é ter chegado ao topo da montanha; portanto, os quarentões naturalmente acham que daí em diante apenas lhes resta descê-la. Ter 40 anos é um erro num contexto em que só podem sair vencedores a juventude e a beleza. Ter dinheiro ajuda, visto que esta é outra entrada para a vitória; no entanto, mesmo o bem-sucedido sente realmente o mal-estar de ter atingido os 40. Como isso é tão lamentável! Somente depois dos meus 40 é que comecei a valorizar minha exclusividade e as coisas especiais que os anos de experiência trouxeram à minha vida.

A idade também tem certos papéis a desempenhar. Supõe-se que os jovens de 14 anos tenham de ir a encontros com as namoradas e a jogos de futebol; os jovens de 22 anos, recém-saídos da universidade, devem aventurar-se fora no mundo; ao passo que os que têm 30 anos já devem ser supostamente bem-sucedidos. Os quarentões perturbam os outros porque seu comportamento não é adequado para a sua idade. As pessoas esperam que tenhamos feito tudo aquilo quando éramos adolescentes, mas nossos pais ou o grupo a que pertencíamos não nos permitiu isso; portanto, estamos aproveitando agora. Estamos sacudindo o barco, segundo aquele modo repreensivelmente uraniano. Talvez vocês todos se acalmem ao saber que, por volta dos 43, quando Saturno faz uma oposição ao Saturno natal, nos tranqüilizaremos outra vez.

Na verdade, Urano é apenas parte do quadro. O resto do que lhe acontece entre os 38 e os 42 anos de idade foi feito com perfeição por Doris Hebel, aquela que hesitava em fazer fosse o que fosse. Sua descrição dos ciclos da vida é a melhor de que dispomos atualmente, e você pode lê-la no livro, *Celestial Psychology: An Astrological Guide to Growth and Transformation* [Psicologia celestial: um guia astrológico para o crescimento e a transformação] Se Doris for à sua cidade e você não ouvir sua palestra, você será um tolo. Junto com alguns outros, Doris assinala que o período entre os 38 e os 42 anos é único, uma vez que é nesse ponto que alguns ciclos astrológicos se encontram no auge.

Urano forma uma oposição com o Urano natal entre os 38 e os 40 anos, criando a síndrome descrita acima. Começando ligeiramente mais tarde, Netuno faz uma quadratura com o Netuno natal, o que significa uma profunda desilusão com qualquer coisa que o estivesse iludindo. Em algum ponto dessa quadratura, dependendo da pessoa, a Lua progressada está em oposição à Lua natal, coincidindo com as mudanças lunares, tais como os filhos abandonando o lar, a necessidade de tornar-se pai para os próprios pais, ou a menopausa. Dos 40 aos 42, Plutão faz uma quadratura com o Plutão natal, o que coloquialmente é denominado "uma merda ou entornar o penico". Por volta dos 43 ou 44 anos, Saturno está em oposição ao Saturno natal, fazendo com que você sinta a sua idade e uma urgência em realizar os objetivos da sua vida. (Estivemos estabelecendo paralelos entre esse período e a adolescência. Por volta dos 14 anos, Saturno também está em oposição ao Saturno natal e a Lua progressada em oposição à Lua natal.)

Nenhuma outra fase da vida tem tantos ciclos se reunindo; portanto, ela é importante e única. Doris Hebel acha que essa idade acontece quando você toma a decisão de abraçar a vida e vivê-la em sua plenitude; caso contrário, começará a morrer. Num único parágrafo não podemos fazer justiça ao seu seminário de estudos de três horas, mas este pequeno resumo mostra como essa idade é complexa: um ponto de mutação em que uma série de papéis e expectativas está terminando e uma vida totalmente nova tem início.

Vivendo os 14 e os 40 anos

Nem 14, nem 40 anos são condições patológicas. Elas são o que os sociólogos denominam de crises NORMATIVAS, isto é, todos os que vivem o bastante passam por elas. Como todos os terremotos uranianos, estes dois habitualmente decrescem. O remédio MALVA tanto serve para a puberdade como para a menopausa; para a crise da meia-idade, para fazer amigos, e para o medo de envelhecer. A ARTEMÍSIA NORTE-AMERICANA serve para livrar-se de autoconceitos fora de moda e para estabelecer uma nova identidade, enquanto elimina falsas identificações e influências. Homeopaticamente, o melhor remédio para os períodos uranianos é sermos uranianos. Permita-se a liberdade de explorar novas maneiras de ser, aprenda com as outras pessoas da sua faixa etária e que estão passando pelo mesmo processo, e abandone velhas ilusões pessoais que podem estar impedindo que você descubra em quem está se transformando. Como todos os períodos uranianos, este pode ser excitante; portanto, divirta-se – ele passará rápido demais.

NOTAS

1 A matéria desta parte do livro foi impressa originalmente como "Atravessando as experiências juvenis", *Astrology Guide* (março de 1980), p. 80.

2. Michel e Françoise Gauquelin, *The Gauquelin Book of American Charts* (O livro Gauquelin de mapas americanos), San Diego, CA; ACS, 1982.

Capítulo VIII

OS TRÂNSITOS DE URANO: SOBREVIVENDO AO DIVÓRCIO E A OUTROS TERREMOTOS

Os trânsitos de Urano significam mudanças bruscas, muitas vezes radicais – acontecimentos comuns são o divórcio, o pedido de demissão ou ser demitido de um emprego, acidentes, e acessos de raiva reprimida. Nem todos passarão por eventos tão drásticos; no entanto, o *status quo* sempre é ameaçado. Em conseqüência, estes são períodos instáveis, ainda que excitantes. Veremos que a Astrologia pode nos ajudar a entender a sua finalidade e, com trabalho antecipado, podemos prevenir abalos realmente traumáticos. Examinaremos as causas de acontecimentos uranianos comuns.

Esses períodos SÃO excessivamente desgastantes. Pesquisas revelam que acontecimentos inesperados são os mais difíceis de enfrentar. Estamos menos preparados, ficamos mais surpresos e somos mais atingidos pelo sofrimento por esse golpe que surge do nada do que pelas mudanças esperadas tais como os filhos saindo de casa, a separação ou a morte de um parente. Todas as mudanças são desgastantes, mas fatos inesperados chegam a ser chocantes, impondo-nos uma mudança instantânea. Eles nos abalam como terremotos.

Terremotos como uma Metáfora para os Trânsitos de Urano

Há tempos considero os terremotos uma boa metáfora para os trânsitos de Urano; entretanto, depois de viver dois anos na Califórnia, sinto mais dificuldade em me desapegar dessa imagem específica. O maior terremoto que tivemos naquela época foi um rolo compressor de vinte segundos durante os quais cada segundo era isolado e diferente. Uma parte de mim estava excitada. . . FINALMENTE, ELE estava acontecendo. . . A outra parte queria chorar porque eu sentia um medo sem fim. Muitos trânsitos de Urano apresentam a mesma mescla de excitação e de terror. É bem possível que não saibamos a diferença entre excitação e medo, uma vez que são tão parecidos. Lembro-me de ter dito que estava nervosa por ser aquela a primeira viagem até minha cidade natal em vinte anos, e me recordo de que um amigo me disse: "Você não está nervosa; está excitada." E ele tinha razão.

Terremotos PARECEM cair subitamente do céu, e é o que ocorre com as coisas que acontecem sob a influência de Urano; mas isso não é verdade. Terremotos acontecem quando uma pressão suficiente se acumula ao longo de uma imperfeição, como forma de aliviar a tensão. Dois planos se fundem sem resvalamento suficiente para um movimento livre. Significativo o fato de eles serem formados conforme o sinal de Aquário, regido por Urano. O mesmo ocorre muitas vezes junto com as linhas imperfeitas da nossa vida. Onde Urano está, há possibilidade de uma divisão ou de um cisma subterrâneo se não dermos a nós mesmos liberdade suficiente quando estamos confinados demais. O mundo exterior nos vê vivendo o dia-a-dia da mesma maneira, mas por dentro continua concentrando-se a necessidade de mudança, até que ela se torna insuportável e ocorre uma explosão. Depois dela, apesar de termos sido sacudidos, existe uma sensação de desafogo, um alívio da tensão.

Por exemplo, com a violência; antes do acontecimento violento, muitas vezes há uma lenta concentração de violência. Trata-se de uma reação extrema à extrema pressão, mas todo acontecimento uraniano – o divórcio, o fato de ser despedido, uma mudança – surge da coerção para manter o *status quo*, o qual, em última análise, acaba num terremoto particular. Assim como os terremotos não surgem do nada, os relacionamentos também não se rompem de súbito, nem se perde um emprego de repente. . . Os fatos vão se construindo, se construindo. . . Urano leva 84 anos para percorrer sua órbita em torno do Sol; portanto, no transcurso de uma vida, você terá abalos e tremores em todas as áreas. Onde está a sua linha de imperfeição neste exato momento?

Essas idéias podem parecer assustadoras, mas só a partir da perspectiva que diz que a mudança representa uma catástrofe. Terremotos, erupções vulcânicas, e outros acontecimentos inevitáveis da natureza têm como finalidade servir de válvula de escape; o mesmo ocorre com os fatos uranianos.

Os terremotos provocam destruições violentas apenas quando insistimos em construir ao longo das linhas imperfeitas do solo; coisas realmente destrutivas só ocorrem quando persistimos em construir ao longo de nossas linhas pessoais de imperfeição. A astrologia é capaz de identificar essas linhas de imperfeição e as épocas em que se forma uma pressão demasiado grande. Prevenidos, podemos fazer algo construtivo, trabalhar com o movimento futuro, em vez de resistir à mudança até sermos forçados a fazê-lo.

Muita energia é liberada pelo terremoto pessoal. Ele ajuda a dirimir a tensão, deixando-nos energizados porque não estamos gastando toda a nossa força na resistência. É comum uma sensação de alívio, tal como acontece com o casal que esteve se preparando para uma batalha ou um rompimento há muito tempo e que obtém o divórcio; ou quando odiamos nosso trabalho durante longo tempo e, finalmente, pedimos demissão. O fato de tudo estar terminado é um alívio que nos permite seguir em frente. "Estive apavorado com isso por tanto tempo, que me sinto feliz por ter acabado." Há uma série de abalos posteriores, à medida que várias partes da nossa vida se realinham para o ajuste. Por exemplo: uma mudança de trabalho pode acarretar uma nova identidade ou independência à qual os amigos, a família e os amantes terão de se ajustar.

A Função dos Trânsitos de Urano

O comportamento das pessoas que estão passando por um trânsito de Urano PARECE insano, violento, imprevisível e inconvencional. Mas, por estranho que possa parecer, há método nessa loucura. A finalidade é desenvolver partes uranianas do ser, como a capacidade de conseguir ser uma pessoa com personalidade própria, em vez de seguir a multidão como um robô. Elas desenvolvem sua identidade separada, própria, expressando o que é exclusivo nelas mesmas. Urano se relaciona com a consciência, e as coisas aborrecidas que acontecem sob seus trânsitos são as CONSEQÜÊNCIAS do nosso desejo de permanecer INCONSCIENTES, sobretudo inconscientes das mudanças que precisamos fazer.

Por exemplo, as pessoas que têm os trânsitos de Urano por seu Meio-do-Céu, pela Sexta ou Décima Casa, podem acabar sendo despedidas. Em seguida elas passam por um período de instabilidade no trabalho; digamos que fiquem seis meses sem emprego, três numa ocupação totalmente diferente de sua área de atuação e um ano trabalhem em algo totalmente diferente. Instável quanto isso possa parecer para o observador de fora, essas pessoas estão fazendo uma série de experiências para descobrir exatamente quem são e do que são capazes. Os trânsitos de Urano são um tempo em que elas tentam todos os O-QUE-ACONTECERIA-SE realizassem algo e todos os SE-PELO-MENOS tivessem coragem para tentar.

Urano e a Individuação

Em livros anteriores, abordei a individuação; portanto não nos estenderemos sobre o assunto. Mesmo assim, ela tem grande importância neste contexto. Durante toda a nossa vida, sob os trânsitos de Urano passamos por uma série de nascimentos em que deixamos a segurança e a incolumidade para trás a fim de tentar algo novo. São as ocasiões em que ficamos mais separados. Quando vamos à escola para aperfeiçoar nossa consciência, deixamos o útero familiar para trás durante algumas horas por dia. Quando saímos por nossa conta, saímos desse útero para o bem. Urano rege tanto a separação como a independência, e sentimos insegurança em cada uma dessas separações; no entanto, assim que dominamos as novas exigências, atuamos mais independentemente do que nunca.

INDIVIDUAÇÃO é um termo usado por Eric Fromm para este processo de tornar-se cada vez mais independente. Abandonar o seguro território familiar dá medo, motivo pelo qual a maioria de nós tem de ser empurrada. Os trânsitos de Urano são o empurrão de que precisamos. Eles nos tiram de nossos hábitos, e, de repente, nos fazem desejar uma vida diferente, alijando a velha. Ao tentar estabelecer novos modelos, primeiro nos damos mal, mas por fim nos estabelecemos num estado mais suave, mais confortável de individualidade liberada. Agitamos e jogamos fora o que antes nos alimentava – o cordão umbilical torna-se inútil dez minutos depois do nascimento.

Uma vez que a pressão social para nos conformarmos às normas é tão sufocante e inibidora, reprimimos nossas verdadeiras naturezas a um custo muito alto. Quanto mais surpreendente e APARENTEMENTE descaracterizado for o comportamento durante um trânsito de Urano, tanto mais reprimido e sufocado foi o verdadeiro Self (Escorpião na Décima Casa do Círculo de Aquário). Comportamentos impulsivos, rebeldes, não representam o verdadeiro Self, mas sim as distâncias que as pessoas sentem que têm de percorrer a fim de afirmar o direito de serem autênticas.

Divórcio e Separação

DIVÓRCIO é uma daquelas palavras fortes que, uma vez pronunciadas, não podem ser mais ignoradas. Quando um dos cônjuges diz que deseja divorciar-se, ocorre uma espécie de divórcio, mesmo que o casal permaneça junto. É tão mau como dizer: "EU NUNCA AMEI VOCÊ." Por isso, eu nunca prevejo um divórcio – posso prever uma crise no relacionamento que pede por reajustamento, mas não planto essa semente. Em vez disso, discuto a dificuldade subjacente, que é a de que ambos os parceiros precisam crescer e desenvolver interesses próprios. Há necessidade de uma maior independência. Faço perguntas para ter uma idéia de quanta independência existe no relacionamento. Onde ele é sufocante, falo sobre a necessidade de maior autoconfiança, e discuto as formas pelas quais isso pode acontecer. Se houver muita resistência ao crescimento, sugiro que o parceiro pode estar ficando cansado de ser dependente e que isso tende a causar problemas para o relacionamento. Posso sugerir terapia individual ou para o casal.

Essas são as minhas observações sobre o que parece acontecer quando os casais se separam . A presença dos trânsitos de Urano sugere que um deles, ou ambos, cresceu em sua consciência e está pronto a abandonar a confortável dependência anterior. Talvez a esposa tenha começado a tomar aulas ou a trabalhar, e esteja sentindo uma nova exigência do Self. Descobrir que somos mais capazes modifica o equilíbrio da relação, de tal forma que é preciso haver um reajuste ou então, finalmente, um rompimento. Em outras ocasiões, o parceiro começa a ressentir-se do fato de ser pai e mãe ao mesmo tempo, e insiste que o outro assuma um papel mais adulto. O outro pode se sentir extremamente ameaçado, apegando-se à pessoa ou restringindo a sua liberdade; portanto, a pessoa se prepara para uma separação. O parceiro que se sente reprimido tende a usar a clássica frase uraniana: "Preciso de espaço para mim."

Durante um trânsito de Urano por Vênus ou pela Sétima Casa, pode surgir em cena um excitante personagem romântico. A OUTRA MULHER ou o outro homem, O DESTRUIDOR DOS LARES. São ELES que causam todo o problema, certo? É culpa deles se o casamento se desfaz. Eles fizeram vista grossa e se arrastaram como serpentes ao redor, roubando o seu homem ou a sua mulher. Certo? ERRADO! A outra mulher, ou o outro homem, é um joguete, USADO por um dos parceiros para fazer o que o outro não teve coragem de fazer: – terminar com o casamento.

É possível que não haja nada específico do que se queixar, mas as pessoas se sentem estagnadas ou acreditam que sua individualidade está sendo sufocada pelo relacionamento. No entanto, a maioria das pessoas não se divorcia, não vira o barco e arrisca algo novo por um motivo desses; só que a insatisfação e a inquietação existem. No caminho, encontram alguém interessante que valoriza a sua identidade, que reconhece como são especiais e as ajudam a experimentar novas maneiras de ser. Tal como ocorre com qualquer outra experiência de caráter uraniano, elas muitas vezes acabam descartando esse alguém logo que uma nova identidade e novos comportamentos são confortavelmente estabelecidos. A outra mulher, ou o outro homem, muitas vezes é jogado fora mal ele ou ela tenham servido a esse propósito.

Chamo a essas pessoas de OBJETOS TRANSACIONAIS. Como ursinhos de brinquedo, elas existem para nos fazer sentir bem na medida em que crescemos e nos afastamos um pouco do papai ou da mamãe; só que as deixamos de lado assim que nos sentimos mais seguros. Relações extraconjugais uranianas muitas vezes servem para finalidades semelhantes, como se nos ajudassem a atravessar o país ou a estudar algo novo. O encargo, a excitação – Leão na Sétima Casa – nos ensinam alguma coisa sobre nós mesmos e sobre nossos potenciais.

Urano acaso é inevitável? Os rompimentos dos relacionamentos vistos no mapa podem ser evitados? Sim, se ambos os parceiros estiverem dispostos a ser mais uranianos, procurando sua individualidade, independência e exclusividade durante o trânsito. É concebível que de fato possam tornar-se mais estimulantes um para o outro e consigam aumentar sua intimidade. Mas são necessários trabalho e coragem.

Os frutos (choques posteriores) do divórcio ou da separação também são interessantemente uranianos. Esse primeiro ano é desordenado e instável, tal como as reações do Círculo com Aquário no Ascendente. Contudo, para a mulher que saiu da casa dos pais para a casa do marido, para ela que nunca experimentou viver por conta própria, o resultado é mais uma individuação. O processo é cansativo, sem dúvida alguma; no entanto, o resultado final é uma ampliação da consciência e uma identidade individual mais acentuada.

"Le Plus Ça Change. . ."

Os franceses têm um ditado que diz: "*Le plus ça change, le plus c'est la même chose*", o que significa: "Quanto mais algo se modifica, mais permanece o mesmo." Muitas vezes isso é verdade quanto às aparentemente drásticas mudanças que as pessoas fazem durante os trânsitos de Urano. Na verdade, trata-se de uma série de mudanças, na medida em que o mesmo trânsito acontece três vezes por retrogradação e por movimento direto. Fazemos algo que parece radicalmente diferente quanto às aparências exteriores. Nos demitimos de um emprego seguro e vamos trabalhar numa discoteca, descolorimos o cabelo, nos mudamos para a Califórnia, paramos de sair com banqueiros e começamos a sair com motoqueiros. . . ou vice-versa. EU MUDEI, ESTOU MUITO DIFERENTE, VOCÊ NÃO VÊ?

E, no entanto, *le plus ça change*. . . De algum modo, o motoqueiro restringe nossa liberdade da mesma forma que o banqueiro o fazia. O nosso chefe na discoteca é exatamente tão severo conosco como o patife do escritório de seguros. . .

Não nos sentimos nada mais atraentes por estarmos mais loiros ou mais magros, ou rescendendo a Chanel. E temos exatamente o mesmo número de noites solitárias de sábado na Califórnia que costumávamos ter lá em casa. Tudo mudou e nada está nem um pouco diferente. Portanto, da próxima vez que Urano toca o mesmo local, tentamos algo INTEIRAMENTE diferente, e tudo acaba se tornando exatamente o mesmo.

Na programação em doze etapas, semelhante à dos Alcoólatras Anônimos e dos Viciados Anônimos, os membros chamam mudanças como essas de geográficas. As pessoas com problemas de bebida acham que, se mudarem para outro lugar qualquer, ou se tiverem um emprego diferente ou uma outra mulher, deixarão de beber. Portanto, eles procuram uma nova mulher ou se empregam em outro lugar, e. . . continuam bebendo.

Obviamente, o problema consiste em que quando se mudam ou trocam de emprego, ou abandonam seus cônjuges, eles "vão junto". Eles projetaram a responsabilidade de suas limitações nos outros, em vez de aceitá-la como sua. (Tudo isso, mais uma vez, assemelha-se a Capricórnio na Décima Segunda Casa do Círculo com Aquário no Ascendente.)

Se tão poucas mudanças são reais, por que as fazemos? O que nos impele a empacotar nossas coisas e a viajar pelo país, ou a deixar para trás o emprego que nos deu segurança durante vinte anos? Que grande porção de energia – e que grande dose de coragem – mudanças maiores como essas exigem! Os trânsitos de Urano são uma época de experiências – nada de tolices, nada de fugas, mas o Self Superior trabalhando! Precisamos entender exatamente que não são ELES, mas NÓS que nos impomos restrições. Precisamos ver que somos NÓS a causa das nossas dificuldades, e não as circunstâncias.

"Não se Pode Chegar Lá sem Sair Daqui"

Outro fenômeno que observei sobre os trânsitos de Urano é o que eu chamo de "não se pode chegar lá sem sair daqui". No primeiro contato do trânsito, as pessoas abandonam suas pequenas cidades natais, as famílias e todas as pessoas que conheceram desde a escola primária, e se mudam com tudo o que têm para a Califórnia. Elas rompem com o passado. Fazem uma festa de despedida e dizem adeus para sempre. No segundo contato, decidem que afinal não gostaram da Califórnia; portanto mudam-se para a Flórida. No terceiro contato, elas se mudam novamente, desta vez instalando-se a vinte milhas (vinte quarteirões) de onde saíram da primeira vez. Mudanças são apenas um dos exemplos – observei precisamente o mesmo processo em outros setores da vida, como empregos e casos de amor.

Esta série de acontecimentos é de fato intrigante para as pessoas que os observam, e igualmente intrigante para as que estão se movendo em círculos. Elas pensam que estão ficando loucas, perturbadas, que estão cometendo erros, e você concorda com isso. No entanto, há uma finalidade por trás disso tudo. A finalidade é que VOCÊ NÃO PODE CHEGAR LÁ SEM SAIR DAQUI. Isso significa que você estava tão preso ao antigo ambiente, conformando-se com as expectativas alheias, que foi difícil mudar e expressar o Self em que estava se tornando. A forma do passado era afirmativa demais. Para ser ao menos um pouco diferente, você teve de mudar de casa para um lugar em que ninguém esperava nada de você; portanto, sentiu-se livre para se sentir livre e fazer suas experiências.

Apesar do que já dissemos sobre as curas geográficas, mudar-se pode deixá-lo livre das antigas definições de si mesmo; portanto, pode modificar-se em direções que já identificou, exceto que as velhas estruturas e expectativas tornam o processo difícil. Num lugar novo (um novo emprego ou um novo relacionamento) você pode fazer experiências com novas identidades, muitas das quais serão descartadas ao longo do caminho. Capricórnio na Décima Segunda Casa mostra a necessidade de renunciar à estrutura a fim de encontrá-la.

Quando você teve uma oportunidade de ser você mesmo, quando os novos comportamentos se mostram agradáveis, então é seguro você mudar-se outra vez para mais perto de onde partiu. Você não poderia ter feito a mudança menor sem realizar a maior, a mais extremada. Requeria-se força e distância, uma Declaração de Independência era necessária. Você teve de fazer a constatação de que é uma pessoa independente. Todo o processo é como o conceito junguiano do pêndulo, que diz que quanto mais distante você está num dos lados, mais longe para a direção contrária terá de ir a fim de ficar equilibrado no centro. Um trânsito de Urano muitas vezes é o balanço do pêndulo que, a princípio, oscila com violência.

Então para que Serve Tudo Isso?

Mesmo que no fim, a mudança não seja tão drástica, ela o coloca em contato com quem você é. Quando todas as limitações exteriores terminaram, inclusive todas as pessoas e situações ao seu redor que você imaginou estarem amarrando você, o que lhe resta é VOCÊ. Então, você verá que é o construtor e o *designer* da estrutura na qual se encontra. Mesmo que o terremoto a tenha destruído, você pode reconstruir mais uma vez a antiga estrutura ou uma outra notadamente semelhante, a menos que a desenhe mais uma vez conscienciosamente. Parte do modo como passa a ver isto, é que você pode reconstruir a estrutura duas ou três vezes durante a série de trânsitos de Urano; no entanto, você finalmente a constrói de tal maneira que o mínimo estremecimento já a derruba, dada a sua pressa de obter algo novo. Você usou papelão, e uma de suas partes sabe muito bem que se trata de papelão; mas você construiu assim, de qualquer maneira, porque é assim que se aprende.

Trânsitos Específicos de Urano

Habitualmente, durante um trânsito de Urano muitas coisas acontecem de uma vez – algumas maravilhosas, outras horríveis, outras estranhas. Você ganha na loteria, quebra um braço, envelhece, perde o amor pela vida, e o seu maior amigo lhe confidencia que é *gay*. É como abrir uma máquina de estourar pipoca funcionando à toda. Coisas voam para todo lado. Eles dizem para esperarmos o inesperado e que os trânsitos de Urano são imprevisíveis, portanto não farei previsões sobre elas aqui.

O que também parece subir à tona com os trânsitos de Urano são decisões. Com Netuno e Plutão você obtém SENTIMENTOS; com Urano, trata-se de DECISÕES. Naturalmente, há sentimentos por trás das decisões, porém tentamos nos desapegar. Trata-se do princípio da coisa. Já falamos sobre o tipo de decisões com as quais você pode estar lidando; portanto, este capítulo como um todo pode ser útil para os que estão passando por um dos trânsitos mais importantes.

Com Urano transitando pelo Sol, a decisão a ser tomada é descobrir uma nova definição pessoal, oposta à que os pais, os amigos e a sociedade lhe impuseram. Seja lá o que for que se espera de você, você fará o oposto por algum tempo até "se descobrir". Com Urano transitando pela Lua, o rompimento com o passado, a família e as raízes pode até ser mais profundo, envolvendo algumas vezes uma mudança importante de residência. As emoções também costumam ser tumultuadas, e muitas experiências são feitas com os sentimentos que nunca foram considerados agradáveis ou seguros antes. Com Urano transitando por Mercúrio, idéias novas e radicalmente diferentes surgem na sua vida, e é comum aparecer na sua vida uma porção de pessoas novas com as quais você pode aprender.

Com Urano transitando por Vênus, a decisão se refere a "espaço", como em "eu preciso do meu. . ." Quem precisa do espaço? Talvez você, ou então o seu parceiro, ou pode mesmo ser aquele novo e excitante interesse amoroso. Dê ou perca espaço. Quando Marte está envolvido no trânsito, as pipocas que voam para todo lado podem representar a raiva; portanto, é tempo de aprender um novo modo de lidar com ela, sem suprimi-la e sem agir de forma muito brusca por sua causa. A agressividade é uma chave. Com o trânsito de Urano por Júpiter, você será mais uraniano do que os uranianos, e terá muito mais certeza do que os jupiterianos de que está com a razão; contudo, haverá uma grande dose de excitação possivelmente e, de preferência, intelectual ou filosófica. Urano transitando por Saturno deseja romper velhas estruturas que se tornaram rígidas demais.

Pela sua própria posição natal, os trânsitos de Urano colocam em posição de destaque todas as decisões que discutimos em alguns dos capítulos anteriores. Urano transitando por Netuno representa uma elevação natural, uma elevação espiritual – a menos que, naturalmente, você esteja por demais sujeito a se inclinar para outros tipos de elevações, caso em que pode haver uma explosão devido aos seus hábitos. Os aspectos de Urano com Plutão trazem consigo a necessidade de desapegar-se do passado e de controlar o comportamento bem como a rebeldia; caso contrário, os jogos de poder tendem a tornar-se muito problemáticos. Urano transitando pelo Meio-do-Céu costuma provocar um desejo irrequieto de mudar de emprego, de residência e do relacionamento que se mantém com o passado. Urano transitando tanto pelo Ascendente como pelo Descendente significa um novo modo de se apresentar diante do mundo e de seus amigos mais íntimos, abandonando uma velha imagem, dando a você mesmo e aos outros uma porção muito maior de liberdade.

Essências Florais para Urano

Há alguns remédios que ajudam a solucionar os tipos de crise de identidade que os trânsitos de Urano muitas vezes ocasionam. O VERBASCO serve para ser autêntico consigo mesmo e para concretizar o verdadeiro potencial pessoal. A ARTEMÍSIA NORTE-AMERICANA elimina a falsa identificação e as influências; por exemplo, uma identificação com os pais que provoca um autoconceito falso ou ultrapassado. O CACTO DO MÉXICO provoca clareza no relacionamento com os pais e com figuras que detenham autoridade. Por outro lado, LILÁCEAS fundem os egos individuais para produzir a harmonia do grupo.

O BROTO DE CEREJEIRA ajuda nos estados uranianos explosivos, quando se teme um acesso temperamental descontrolado ou a perda de controle, ou ainda quando se tem medo de fazer algo nocivo para si mesmo ou para os outros. O REMÉDIO DA SALVAÇÃO, uma combinação de alguns dos produtos do dr. Bach pode ser comprado na maioria das lojas que vendem comida natural e é excelente para se ter no estojo de primeiros socorros, para usar em caso de crise física ou emocional. O LEITE DE GALINHA cura choques e traumatismos, não importa quando tenham acontecido. A NOGUEIRA é inestimável para pessoas que passam por uma transição, tais como as que ocorrem durante os trânsitos de Urano. A AVEIA SILVESTRE ajuda naquele sentimento de inquietação e insatisfação por não se ter encontrado o próprio lugar na vida.

Para os que vivem voltados demais para suas idéias, quer sob um aspecto natal quer sob um trânsito, há muitos remédios. A UVA-URSINA ajuda nos casos em que há necessidade de fixação à terra e de a pessoa sentir-se à vontade dentro do corpo físico. A CHAGUEIRA provoca a expressão física das pessoas que são excessivamente intelectuais e carecem de vitalidade. A NECTARINA aumenta a consciência da Nova Era, ao mesmo tempo em que faz com que haja equilíbrio. O LIMÃO ativa a lucidez mental e uma sensação de relaxamento, um alívio em casos de tensão excessiva.

Para o tipo uraniano por nascimento, há alguns remédios que podem diminuir as formas mais agudas da síndrome. AS SAMAMBAIAS são para os que se martirizam na perseguição de um ideal e que são rígidos e inflexíveis. A VERBENA ajuda os que se rebelam contra as injustiças, os fanáticos, pessoas altamente sensíveis e tensas. A VIOLETA D'ÁGUA serve para o tipo arredio que não se mete nos negócios alheios mas que é muito competente e se envolve com o próprio trabalho. A GIROSSOLA serve para vencer a alienação dos que pensam que não conseguem se adequar a nada, de forma a que se sintam à vontade na Terra e com os demais. A PÊRA DOCE alivia casos de conflito social, como o de personalidades anti-sociais ou no caso de a pessoa agir como um adolescente.

Capítulo IX

URANO E OS ACIDENTES: SUA FINALIDADE E PREVENÇÃO

Aspectos formados pelos trânsitos de Urano muitas vezes são interpretados como possíveis acidentes; por exemplo, Urano transitando pelo Ascendente, por um planeta da Primeira, da Sexta ou da Décima Segunda Casa, ou por Marte. Devido a uma tendência para acidentes no meu mapa – uma conjunção de Vênus, Urano e Saturno – sofri vários acidentes menos graves na forma de quedas causadas por torção do tornozelo. Devido à presença de Vênus na combinação (ou talvez por pura prática), caí de bom jeito e nunca sofri ferimentos graves. O fato de eu observar meu estado mental exatamente anterior a uma dessas ocorrências me levou a algumas descobertas interessantes. Por exemplo, acidentes tendem a ocorrer logo depois de um pensamento de rebeldia. Como me interessei pelo fenômeno, estudei os acidentes e descobri que eles são muito complexos. Apresento, a seguir, minhas impressões para que os astrólogos possam discutir os aspectos que provocam tendência aos acidentes com os clientes; quem sabe isso nos permitirá evitar ferimentos graves.

Por que Acontecem Acidentes: A Necessidade de uma Pausa!

Como veremos, poucos acidentes são puramente acidentais. Em vez disso, eles servem a importantes finalidades relacionadas com Urano, tais como a liberdade, a rebeldia, o rompimento com o passado e o desenvolvimento da individualidade. As pessoas que se sentem inclinadas à psicologia acreditam que os acidentes acontecem devido aos impulsos de autodestruição. Eu acho que, embora eles possam causar dor e dilacerações, a longo prazo eles não são DESTrutivos, mas CONStrutivos; não se trata de um trabalho do INconsciente, mas de um trabalho do SUPERconsciente.

Interrogando pessoas vítimas de ferimentos graves, verifiquei que muitas vezes eles aconteceram quando as pessoas não estavam sendo autênticas. Elas se encontravam numa situação que achavam opressiva ou estranha. Incapazes de sair dessa situação, tornaram-se inquietas, frustradas e rebeldes. Além de quebrar partes do corpo, o acidente criou uma pausa na situação. Há método na loucura: ela serve para a finalidade uraniana da libertação. Um acidente, mesmo sem grande importância, deve servir de aviso para o fato de que se está sufocando a própria individualidade.

Um exemplo adequado é o do ataque da princesa Grace e seu acidente fatal. Houve várias notícias, um ou dois anos antes do acidente, sobre o fato de ela estar enfrentando sérios problemas conjugais e de estar profundamente infeliz por causa dos filhos. No entanto, ninguém renuncia ao cargo de princesa de Mônaco – isso não se faz. Portanto, ela deve ter se sentido presa a uma posição insustentável da qual não podia fugir. Tenho a impressão de que o ataque acidental foi a sua maneira de obter um divórcio. (É claro que divórcio também se relaciona com Urano.) O termo médico para um ataque é acidente cérebro-vascular, e ataques também são indicados em termos astrológicos por Urano. Metafisicamente, os problemas circulatórios estão relacionados com uma falta de liberdade. Um ataque muitas vezes é um golpe, uma maneira de protestar contra as condições que atuam na sua vida.

Como muitos notaram, o mapa de Grace não contém nenhuma indicação do seu acidente ou da sua morte, exceto pelo fato de Júpiter, na sua Oitava Casa natal, ter há pouco cruzado o seu Ascendente. Muitos astrólogos observaram um Júpiter proeminente supostamente benigno na hora da sua morte. Ou não entendemos Júpiter tão bem como presumimos ou não entendemos a morte. De acordo com a certidão de nascimento, como está registrada no livro de Lois Rodden, *Profiles of Women* (Perfis de mulher), a princesa Grace nasceu em 11 de novembro de 1929, às 5:31 na Filadélfia, 75010, 39N57. Sua morte ocorreu no dia 16 de setembro de 1982.

Para citar outro exemplo: Debra Winger sempre desejou ser atriz; no entanto, estava estudando para uma carreira mais prática, a sociologia. Um acidente de carro quase fatal, quando tinha dezoito anos, a deixou cega e parcialmente paralítica, o que exigiu numerosas hospitalizações no transcurso de um ano. Depois que Debra se recuperou, ela decidiu tentar o estrelato. Retirou-se da Universidade e inscreveu-se nas classes para artes teatrais. Três anos depois ela estava participando de comerciais, seguidos por papéis importantes em filmes como *Urban Cowboy* e *Terms of Endearment*. Sobre sua tragédia que quase lhe custou a vida, Debra disse: "Considero o meu acidente um enorme golpe de misericórdia. Ele me impeliu a fazer o que eu queria." Debra nasceu em Columbus, no Colorado, no dia 16 de maio de 1955, mas não disponho do horário do seu nascimento. Há uma tensa quadratura-T com Vênus a 25 graus de Áries, Júpiter e Urano a 24 e 25 graus de Câncer, e Netuno a 26 graus de Libra. Eu especularia que Júpiter e Urano estão na Décima Casa, perto do Meio-do-Céu (adaptação ao mapa da antiga "Mulher Maravilha" da televisão), e Netuno na Primeira, perto do Ascendente. Os trânsitos para a data do seu acidente, em 31 de dezembro de 1973, mostram Urano a 27 graus de Libra, terminando exatamente a quadratura-T.

Urano está ligado às modificações mais importantes; portanto, a pausa que o acidente causou – o tempo necessário para a recuperação – muitas vezes provoca uma parada brusca e um novo início. Dois de meus amigos quiropatas decidiram-se por essa carreira depois que graves colisões deixaram-nos hospitalizados por consideráveis períodos de tempo. (Sem sombra de dúvida, também houve um elemento de rebeldia contra a medicina tradicional envolvida nesta escolha!) O mapa de um deles será apresentado mais adiante, junto com os casos que servirão de exemplo.

O período da recuperação é um intervalo para descobertas, no qual as pessoas têm tempo livre para trazer à tona sua própria exclusividade e seu gênio. Há vários casos em que o período da convalescença ajudou as pessoas a descobrirem seu verdadeiro caminho. A herborista Jeanne Rose, que escreveu vários livros sobre o assunto, começou a estudar as ervas enquanto estava presa ao leito depois de um acidente. Rosemary Browm é uma médium inglesa que serve de canal para novas obras-primas de Bach e de outros compositores clássicos e, mais recentemente, para John Lennon. Ela fora alertada para sua capacidade mediúnica; contudo, só começou a desenvolvê-la seriamente enquanto se recuperava de um acidente. Esses acontecimentos muitas vezes servem para a finalidade uraniana de nos desviar daquilo que NÃO SERVE PARA NÓS e de nos ajudar a descobrir e expressar nossos talentos pessoais.

O Círculo com Aquário no Ascendente e os Acidentes

Vislumbres posteriores foram obtidos ao estudar o Círculo com Aquário no Ascendente. Com Aquário na Primeira Casa, há um elemento de rebeldia – em geral, as vítimas estão desobedecendo normas de segurança e acreditam que tais normas não se aplicam a elas. Com freqüência, os danos ocorrem quando as pessoas se encontram num estado mental inquieto, em busca de excitação. Assim como a violência e os outros acontecimentos uranianos, trata-se de explosões destinadas a aliviar a tensão que se formou. É mais provável que sejam produzidas por períodos de torvelinho e de excitação.

Peixes na Segunda Casa mostra que o pagamento muitas vezes é espiritual, um retiro de Décima Segunda Casa que leva ao cultivo da criatividade e à aproximação maior com o Self Superior. As pessoas cuja história contei acima usaram seu tempo de recuperação desta forma. Áries na Terceira Casa sugere que os acidentes podem ser uma maneira de demonstrar a raiva. Pessoas que estão passando por trânsitos que provocam tendência para acidentes, podem evitar ferimentos aprendendo a expressar a raiva de forma mais direta. Touro na Quarta Casa mostra que no final se ganhará algo valioso (nem que seja dinheiro ganho através de ações judiciais inevitáveis), e também que os acidentes são como ligações de um fio-elétrico à terra, trazendo as pessoas para o mundo prático, terreno.

Você pode aprender muito percorrendo todo o círculo, mas há três casas que são especialmente interessantes. Câncer na Sexta Casa está ligado às descobertas feitas na pesquisa contada no livro do psiquiatra dr. Arnold Leiber, *The Lunar Effect* (O efeito lunar), de que as mulheres têm mais tendência a sofrer acidentes quando estão na fase pré-menstrual. J. E. Davidson do *Sandia Laboratories* (Laboratórios Sandia) descobriu que as estatísticas dos acidentes se relacionam com as fases da Lua. Outro posicionamento especialmente revelador é Escorpião na Décima Casa, que mostra a finalidade ou o objetivo. Muitos acidentes fatais não passam de suicídios maldisfarçados. Na verdade, muitos são verdadeiros suicídios, descritos como infortúnios. Em particular, os psiquiatras acham que os acidentes que envolvem jovens, especialmente os repetidos, são tentativas de suicídio, na medida em que os adolescentes não têm outro modo de sair de uma situação intolerável. O suicídio se deve a uma raiva assassina que as pessoas não podem expressar e, em vez disso, voltam-na contra si mesmas. Essas circunstâncias aparecem com freqüência quando elas se sentem totalmente controladas por figuras autoritárias ou pela vida. Os resultados obtidos por Davidson mostram uma tendência para uma maior propensão aos acidentes na mesma fase da Lua em que você nasceu, ou então na fase oposta. Por exemplo, tanto na Lua Cheia como na Lua Nova, se você nasceu sob qualquer uma delas, ou na Lua Minguante ou Crescente, se nasceu durante uma das duas.

Outra intenção escorpiana, seja pessoal ou cósmica, pode ser a liberação do corpo sem ter de sofrer uma doença. Isso pode ser verdade mesmo em caso de acidentes de massa, tais como a queda de aviões, em que o Self Superior do indivíduo foi capaz de prever o que estava para acontecer e resolveu acolher essa oportunidade para se libertar. Quando o acidente não é fatal, muitas vezes ele é TRANSFORMADOR, colocando-nos em contato com a mortalidade e fazendo com que nos concentremos com mais intensidade nos nossos objetivos.

Uma série final de percepções intuitivas obtidas do Círculo corresponde a Capricórnio na Décima Segunda Casa. Muitas vezes sofremos acidentes quando estamos testando nossos limites, querendo nos transcender, embora ignorando os limites e a realidade – deixando de usar o medo de forma construtiva. A finalidade oculta é assentar as pessoas em terra firme, impedi-las de fazer algo que não seja bom para elas e torná-las mais conscientes de seus verdadeiros objetivos. Ferimentos graves também dão a algumas pessoas um inargumentável limite de "eu não posso" quando elas não querem fazer algo, especialmente no que se refere a uma carreira. Os homens que têm lesões nas costas, por exemplo, dizem, "não posso continuar com o meu trabalho manual", e se retiram para fazer algo de que gostam mais. As expectativas masculinas de valor físico tornam difícil para um homem dizer isso abertamente; portanto, dizer que se tem um motivo físico salva a honra. Visto que esta é a Décima Segunda Casa, essa intenção é inconsciente.

Quando há Probabilidade de Ocorrerem Acidentes?

Ao remoer os "para quê?" e os "por quê?", li o que as pessoas que lidam com acidentes escreveram. Uma pesquisa feita na Universidade do Estado da Pensilvânia pelo Instituto de Segurança Pública, mostra que os prováveis candidatos a acidentes são as pessoas que estão sob excesso de tensão. Também descobriram algo de que eu já suspeitava há muito tempo: que uma série de pequenos infortúnios pode ser um sinal de perigo, indicando que um acidente mais grave está prestes a ocorrer. Cheguei a essa conclusão depois de discutir com um grande número de clientes os trânsitos que predispõem a acidentes. Eles me disseram que já haviam sofrido uma série de quase-acidentes, à medida que o aspecto formado por Urano fazia seu terceiro grau ou passava a ser exato, ou quase. Eu disse a eles para prestarem uma atenção especial a esses quase-acidentes e para usá-los como sinais, a fim de evitar danos mais sérios. Expliquei a eles também que precisavam trabalhar com decisões uranianas (que discutimos em detalhes durante as consultas).

O dr. Stanley Aronson, da Universidade de Brown, estudou setecentos e setenta e seis casos de mortes ocasionadas por acidentes de trânsito e verificou que pessoas divorciadas, separadas ou solteiras tinham de longe muito mais probabilidade de sofrer acidentes fatais. Acaso não teve clientes que lhe disseram que perderam seu emprego, sua mulher e bateram, com o carro, tudo no mesmo dia? Naturalmente, os trânsitos de Urano podem correlacionar-se com o divórcio ou a separação; portanto, quando um cliente está passando por uma separação, talvez seja bom discutir também as possibilidades de um acidente.

Os aspectos de Urano com o eixo do Ascendente/Descendente ou Meio-do-Céu/Nadir provavelmente resultarão nessa combinação de acontecimentos.

A adolescência, uma época uraniana da vida com sua violenta luta pela identidade, aumenta a probabilidade de acidentes. Mais da metade de mortes de adolescentes – dois terços são meninos – devem-se a acidentes. O dr. Dunbar Flanders acha que os jovens com dificuldade em se fazer entender são praticamente forçados a fazer alguma coisa, a esmagar alguma coisa ou a ferir-se a fim de chamar a atenção.[1]

Um praticante da teoria japonesa dos meridianos contou-me que acidentes podem ocorrer quando há um bloqueio de energia no corpo. Você bate ou deixa cair algo nessa área, mesmo repetidamente, para estimular aquele meridiano. A pancada libera o bloqueio. Uma contribuição astrológica para essa teoria é que Urano está ligado à eletricidade e ao fluxo de energia. Pessoas predispostas a acidentes são fortemente uranianas e, algumas vezes, há algo de ligeiramente errado com a "instalação elétrica" dos uranianos.

Explosões de violência também são acontecimentos uranianos, e me abala o fato de que talvez os locais em que somos socados ou feridos nas brigas são partes do corpo que física – ou metafisicamente – necessitam de estímulo. Uma pancada no plexo solar, ao que parece, é um lembrete de que não se deve perder o controle do ego. (ISSO ME ABALA também é uma metáfora uraniana para aqueles súbitos golpes de consciência que acontecem quando nossa mente funciona de maneira uraniana).

Também é interessante notar quando os acidentes NÃO OCORREM. Em 1976, quando uma quadratura Urano/Saturno de Leão a Escorpião estava em órbita durante a maior parte do ano, os jornais noticiaram que os acidentes atingiram o menor nível de incidência em quatorze anos, ou seja, metade de um ciclo de Saturno. Aparentemente, a cautela natural de Saturno e seu hábito de testar a realidade ajudaram a estabilizar as pessoas e a prevenir acidentes. Talvez ela também dê às pessoas a autodisciplina necessária para trabalhar seriamente em seus objetivos.

Exemplos de Mapa para Estudo

O cantor Julio Iglesias sofreu uma reviravolta em sua vida ocasionada por um desastre quando tinha dezenove anos: ficou ameaçado de paralisia para o resto da vida. Astro do futebol, Julio estudava advocacia quando ocorreu o acidente em julho de 1963, em Madri. Ele ficou paralítico da cintura para baixo, mas obstinadamente – com rebeldia – recusou-se a usar uma cadeira de rodas ou a desistir. A mobilização deste tipo de rebeldia, uma expressão positiva da rebeldia uraniana, é comum nas pessoas que utilizam estas desgraças para descobrir e afirmar sua verdadeira identidade. Seu pai, um médico, abandonou a clínica e se devotou pessoalmente, em tempo integral, à reabilitação de Julio. Durante a convalescença, ele aprendeu a tocar violão e descobriu que gostava de cantar.

Aqui o mapa de Julio é apresentado como Mapa 15. No seu horóscopo natal, Urano faz uma quadratura com Mercúrio e Júpiter na Décima Casa, e uma oposição com a Lua na Primeira Casa (uma quadratura-T ampla). Veremos que esses mesmos aspectos se repetem em trânsitos-chave e nos retornos solares. Esta combinação mostra não só o seu carisma, mas também a possibilidade de que um acidente poderia ter um forte efeito positivo na escolha da carreira. A disposição que o pai mostrou de ajudá-lo é indicada na quadratura-T por Júpiter na Décima Casa.

Não se conhece a data exata do acidente, mas durante julho de 1963 Urano passou de 2 graus para 3 graus de Virgem na Décima Casa (carreira). Plutão transitou de 9 graus para 10 de Virgem, e o ponto central seria de 5 a 6 de Virgem, formando uma quadratura com sua Lua natal, fixando o aspecto natal. O retorno solar para 23 de setembro de 1962, atuante na época do acidente, é mostrado aqui no Mapa 16. A oposição de Plutão e Urano na Sexta Casa a Júpiter na Décima Segunda Casa, sua posição mais benéfica de casa, mostra não só o acidente, mas também o crescimento que ocorreu durante a convalescença. O retorno solar de 24 de setembro de 1963 em Madri às 0:22:39 horas não aparece, mas repete a Lua natal em Sagitário, desta vez em quadratura com Urano, bem como também a quadratura natal Saturno/Netuno.

Mapa 15

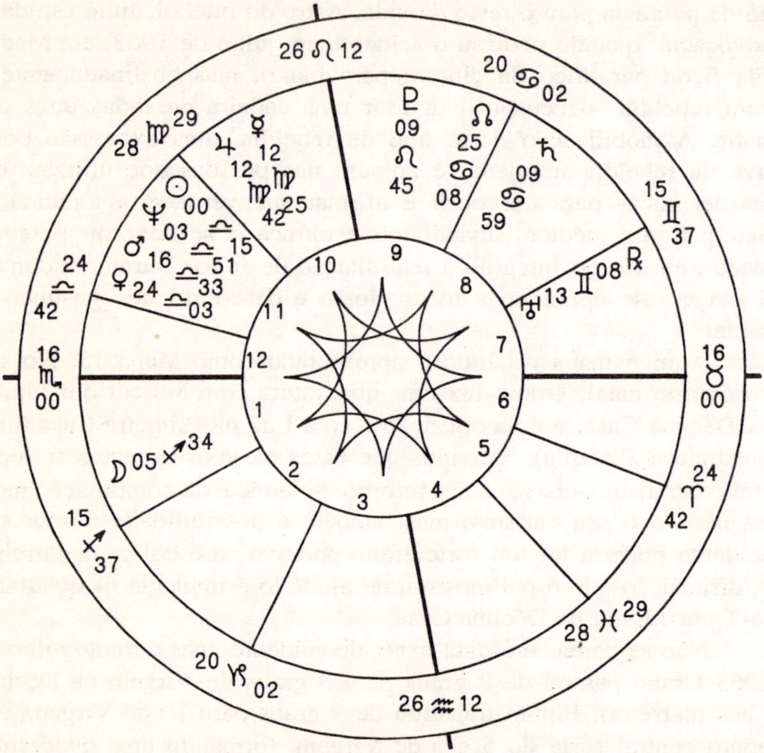

MAPA NATAL

JULIO IGLESIAS
23 Set. 1944 11h 0m 0s MET*
PLACIDUS 40N44 3O41

* MET = Middle East Time: Horário Centro Leste

Um dos mais famosos astros da geração dos anos 60, também sofreu um dos mais famosos acidentes da época. Bob Dylan estava no auge da sua popularidade quando sofreu um terrível acidente de motocicleta em 29 de julho de 1966. Nos subseqüentes nove meses de resguardo, houve rumores de que ele na verdade estava morto, ou que tinha apenas uma vida vegetativa, ou de que estava horrendamente deformado. Quando, afinal, ressurgiu, seu estilo se transformara significativamente: estava mais maduro e religioso. Ao que tudo indica, o amante da liberdade, Dylan, inconscientemente tivera o acidente para se libertar do efeito controlador que sua fama exercia sobre ele. Pouco antes de acontecer o desastre, ele havia dito que a pressão era inacreditavelmente forte e muito dolorosa.

Os trânsitos para o seu acidente em Woodstock, Nova York, em 29 de julho de 1966, estão impressos do lado de fora do círculo, usando-se meio-dia para efeito de cálculo, embora não se conheça a hora exata do acidente.[2]

Tal como é adequado a um radical famoso, o mapa natal de Dylan, aqui apresentado como Mapa 17, tem um Urano proeminente. Ele faz parte de um *stellium* na Quinta Casa, em conjunção com Saturno, com a Lua e com Júpiter em Touro, bem como com o Sol em Gêmeos. Mais uma vez; os que têm um Urano natal proeminente parecem mais predispostos a acidentes sérios, na medida em que aprendem as lições relativas à obstinação. Durante o trânsito, Plutão e Urano estão conjuntos e podem estar formando uma quadratura com seu Ascendente em Sagitário, se a hora do nascimento estiver ligeiramente alterada. Eles fazem um semi-sextil com o Meio-do-Céu dado. Note que ele havia passado recentemente por um trânsito de ida e volta de Netuno/Saturno, com Saturno em trânsito em oposição ao seu Netuno natal e Netuno em trânsito em oposição ao seu Saturno natal. Concluiríamos que Bob Dylan estava sofrendo alguma desilusão com o sucesso e com os limites impostos aos seus elevados ideais. Sua futura conversão para um estilo de música mais religiosa também é sugerida por essa combinação.

Mapa 16

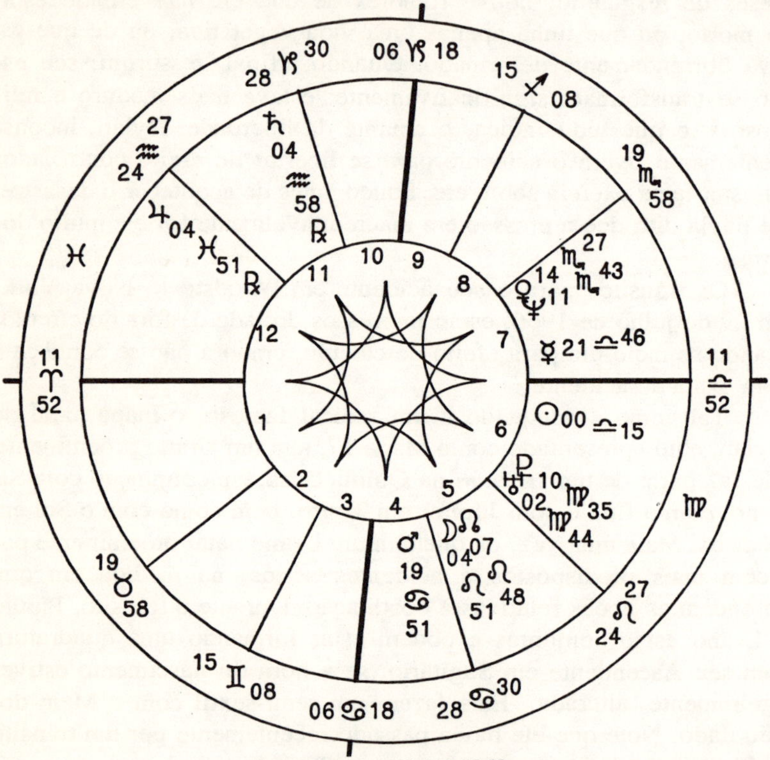

RETORNO SOLAR 1962

JULIO IGLESIAS
23 Set. 1962 19h 33m 41s MET
PLACIDUS 40N44 3O41

Mapa 17

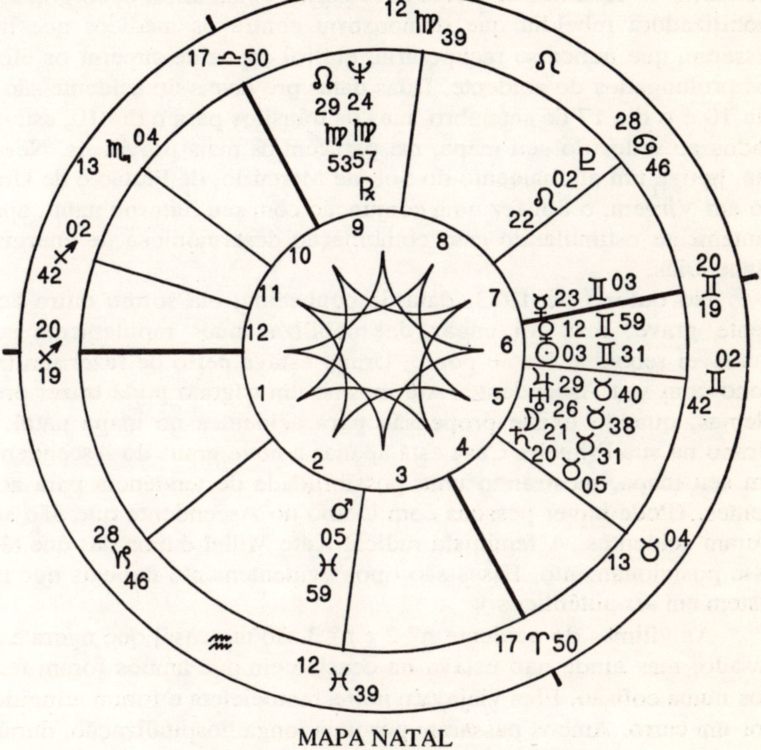

MAPA NATAL

BOB DYLAN
24 Maio 1941 21h 5m 0s CST
PLACIDUS 46N47 92O7

O Mapa 18 é o daquela outra vítima de acidente, uma mulher que sofreu um terrível acidente de carro no final de semana antes de começar seu ano como sênior no colégio. O resultado foram problemas neurológicos, quedas freqüentes, dificuldades para manter o pescoço ereto e a necessidade de cirurgias plásticas no rosto. Para recuperar-se totalmente, foram necessários cinco anos, e, só graças à mobilizadora rebeldia que demonstrou contra os médicos que lhe disseram que nunca se recuperaria, ela foi capaz de superar os efeitos prolongados do acidente. Duas datas prováveis do acidente são o dia 10 e o dia 17 de setembro, mas os trânsitos para o dia 10, estampados ao redor do seu mapa, me parecem os mais prováveis. Nesse dia, houve um alinhamento do Sol, de Mercúrio, de Plutão e de Urano em Virgem, o Sol fez uma conjunção com seu Saturno natal, aparentemente estimulando essa combinação desarmoniosa de energias planetárias.

No outono de 1973, data desconhecida, ela sofreu outro acidente grave, mas foi capaz de mobilizar mais rapidamente sua saudável rebeldia. Nesse ponto, Urano estava perto de fazer um trígono com seu Ascendente. Até mesmo um trígono pode trazer problemas, quando existe propensão para acidentes no mapa natal, e Urano na sua Primeira Casa está apenas a nove graus do Ascendente em seu mapa, mostrando uma possibilidade de tendência para acidentes. (Pode haver pessoas com Urano no Ascendente que não sofreram acidentes. A feminista radical Kate Millet é uma das que têm esse posicionamento. Esses são tipos evidentemente radicais que insistem em ser autênticos.)

As vítimas do acidente nº 2 e nº 3 são um casal que agora está casado, mas ainda não estava na ocasião em que ambos foram feridos numa colisão. Eles viajavam numa motocicleta e foram atingidos por um carro. Ambos passaram por uma longa hospitalização, durante a qual escandalizaram o sistema pedindo para ficar no mesmo quarto. A mulher, vítima nº 2, estava ferida mais gravemente e precisou de numerosas cirurgias na perna; a última delas livrou-a, afinal, de uma claudicação persistente. Seu horóscopo está impresso aqui como Mapa 19. Os trânsitos para a ocasião do acidente, impressos na margem exterior do mapa, mostram Urano em trânsito na casa da saúde, formando um quincunce próximo ao Ascendente e uma quadratura aproximada com o Sol.

Seu marido, a vítima nº 3, é o quiropraticante cuja história foi mencionada antes. Nessa ocasião, ele era um professor de muito pouco destaque da escola paroquial. É difícil entender como ele agüentou essa situação durante tantos anos tendo um Urano rebelde na sua Nona Casa, a da educação e da religião. Entretanto, por ocasião do acidente, Urano, Netuno e Plutão em trânsito estavam há algum tempo formando ângulos na posição natal de Urano. Há algum tempo ele pensava em freqüentar a escola de quiropatia; afinal, durante o longo período de recuperação, ele deu um passo à frente. Atualmente é um quiropata que usa muitos instrumentos avançados da *New Age* em seu trabalho. O Mapa 20 revela todo o seu histórico.

Como um ponto adicional de interesse, apresento aqui um mapa composto dos mapas das vítimas nº 2 e nº 3: o Mapa 21. Como é apropriado a duas pessoas envolvidas conjuntamente num acidente grave, aparece a quadratura Marte/Urano que dá propensão aos acidentes. Marte em Libra (simultaneidade) está na Terceira Casa, que rege as viagens curtas. A presença de Aquário, regido por Urano na Sétima Casa, também é uma indicação de que o acidente propriamente dito teve algo que ver com a solidificação desse relacionamento. Por acasião do acidente, Urano em trânsito estava em quadratura com Plutão na Primeira Casa do mapa composto, e parece ter derrubado a reserva e as barreiras referentes à intimidade que se esperaria de uma tal posição. Na combinação dos mapas, Urano também estava em sextil com Vênus.

Entre outras coisas, Urano rege a adolescência, e Rick Nelson, um ídolo do *rock* quando adolescente, nunca mais reconquistou sua popularidade. No seu mapa natal, impresso aqui como Mapa 22, Urano está em conjunção com o Sol e com o Meio-do-Céu, formando um trígono com Netuno na Primeira Casa.[3] Seu único momento remanescente verdadeiro de fama foi um ato de rebeldia, quando se recusou a limitar-se a cantar apenas *rock and roll* no auge de 1950, durante um concerto no Madison Square Garden. A reação desfavorável dos que compareceram foi vaiar sua canção *Garden Party*. Só ouvimos falar dele de novo, por ocasião de sua morte numa queda ao pilotar o seu próprio avião no Texas; atribuiu-se a causa à cocaína. Os trânsitos para esse acidente, na véspera do Ano Novo de 1985, estão impressos ao redor do mapa e revelam uma conjunção entre Urano e Mercúrio a poucos graus de uma quadratura com Netuno e uma oposição a Marte. Talvez o que mais chama a atenção neste caso, visto tratar-se de um mapa relativo à morte, sejam os aspectos de Plutão, que repetem em dois sentidos uma ampla quadratura natal entre Saturno e Plutão. Na ocasião da sua morte, Plutão em trânsito, junto com Marte em Escorpião, estava em oposição ao seu Saturno natal, ao passo que Saturno em trânsito fazia um trígono com o Plutão natal.

Ao estudarmos esta série de mapas, ficará evidente que os aspectos dos trânsitos nem sempre são exatos no momento do acidente, embora já venham surtindo seus efeitos há algum tempo. Não há dúvida de que seriam necessárias técnicas mais precisas e primorosas para apurar um padrão exato. Um ensinamento astrológico tradicional parece ser verdadeiro: nada acontece em virtude do trânsito que não tenha sido previsto antes na apreciação do mapa natal. Cada umas dessas pessoas mostrava alguma propensão para acidentes no seu mapa natal.

A Prevenção de Acidentes

A finalidade deste capítulo é ajudar os clientes a evitar ferimentos graves. A previsão que dá certo é como um elogio ao astrólogo, ao passo que um não-acontecimento lhe dá má fama, embora seja impossível provar que, por instruções do astrólogo, um acidente foi evitado; portanto, não posso dizer se este método funciona. Antes de ser correto, ele é útil; assim, durante a sessão, partilho da perspectiva aqui delineada quando um cliente parece estar correndo perigo.

Como afirmei no início, os SINAIS astrológicos podem ser os trânsitos de Urano pelo eixo Ascendente/Descendente, pelo Meio-do-Céu, por Marte, por um planeta que esteja posicionado na Primeira, na Sexta ou na Décima Segunda Casa, ou quando Urano está transitando por essas casas e formando aspecto com algum ponto importante. Os sinais PESSOAIS ou COMPORTAMENTAIS seriam aqueles em que a pessoa sofre uma série de pequenos acidentes, ou quase se acidenta, durante as aproximações do trânsito de

MAPA NATAL

EXTERIORES

TRÂNSITOS PARA O ACIDENTE
9 10 1966 12h 0m 0s PDT*
PLACIDUS 38N35 121O29

Mapa 18

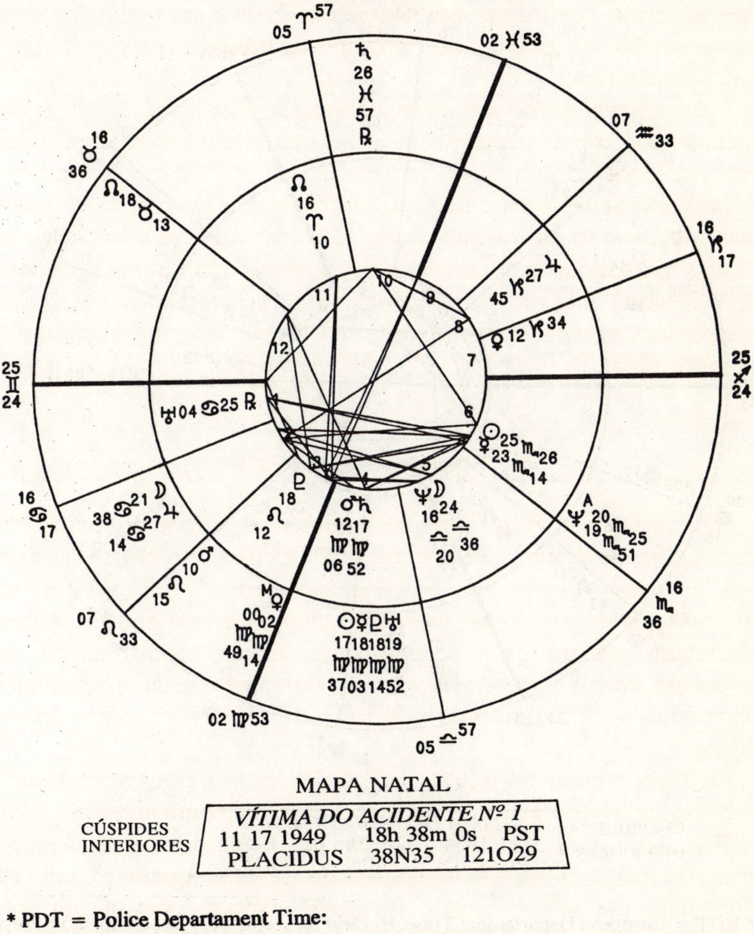

MAPA NATAL

CÚSPIDES
INTERIORES

VÍTIMA DO ACIDENTE Nº 1
11 17 1949 18h 38m 0s PST
PLACIDUS 38N35 121O29

*** PDT = Police Departament Time:**

MAPA NATAL

EXTERIORES

TRÂNSITOS PARA O ACIDENTE
5 22 1979 8h 5m 0s EDT
PLACIDUS 40N52 73O38

Mapa 19

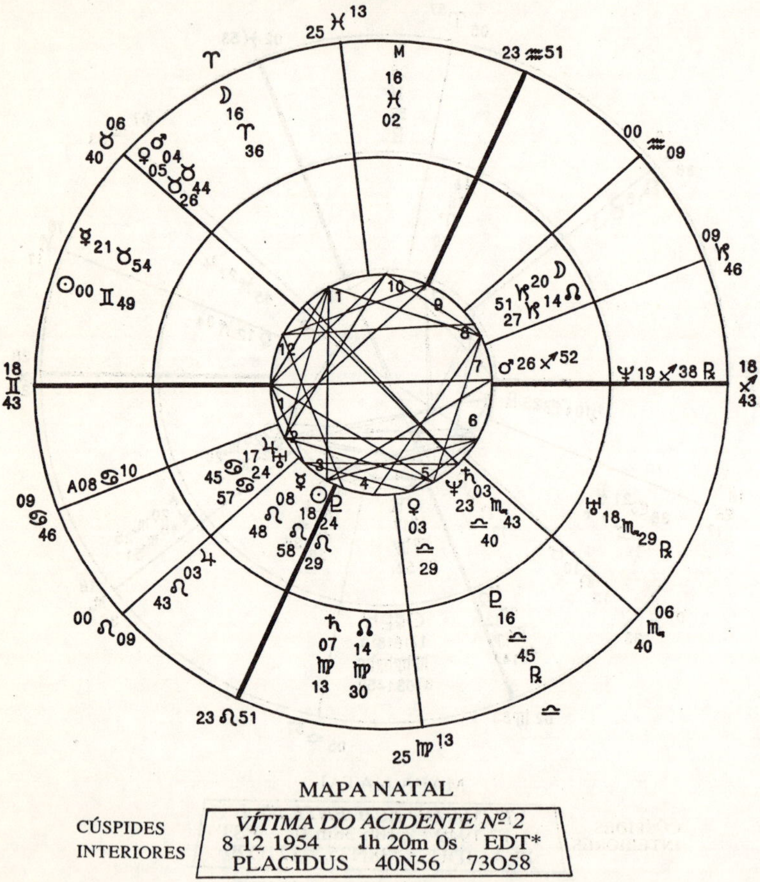

MAPA NATAL

CÚSPIDES INTERIORES

VÍTIMA DO ACIDENTE Nº 2
8 12 1954 1h 20m 0s EDT*
PLACIDUS 40N56 73O58

* EDT = European Departament Time: Horário fornecido pelo Departamento Europeu

MAPA NATAL

EXTERIORES

TRÂNSITOS PARA O ACIDENTE
5 22 1979 8h 5m 0s EDT
PLACIDUS 40N52 73O38

Mapa 20

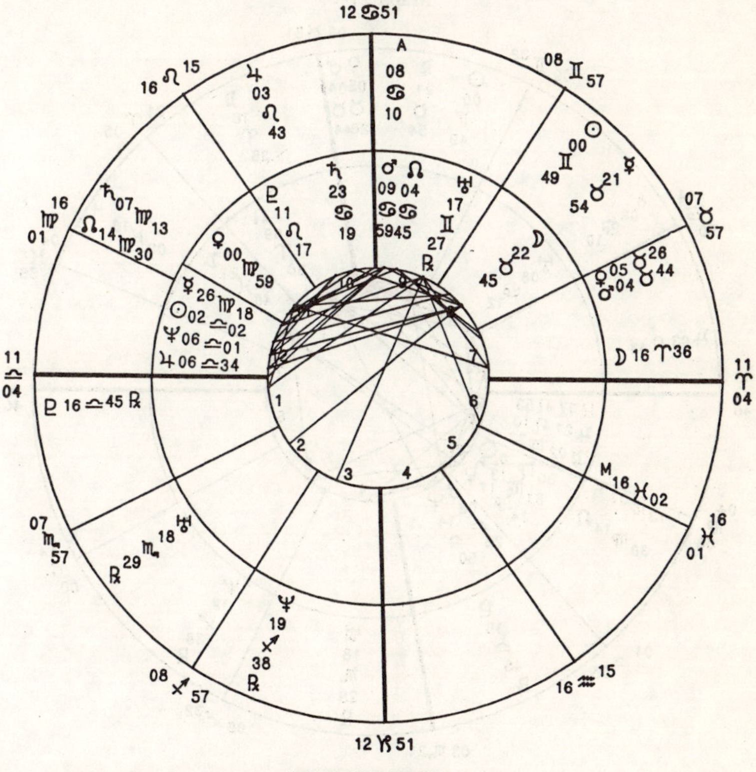

MAPA NATAL

CÚSPIDES INTERIORES

VÍTIMA DO ACIDENTE Nº 3
9 25 1945 7h 36m 0s EWT*
PLACIDUS 40N45 73O58

* EWT = Eastern Western Time: Horário Leste-Oeste

MAPA NATAL

EXTERIORES

TRÂNSITOS PARA O ACIDENTE
5 22 1979 8h 5m 0s EDT
PLACIDUS 40N52 73O38

Mapa 21

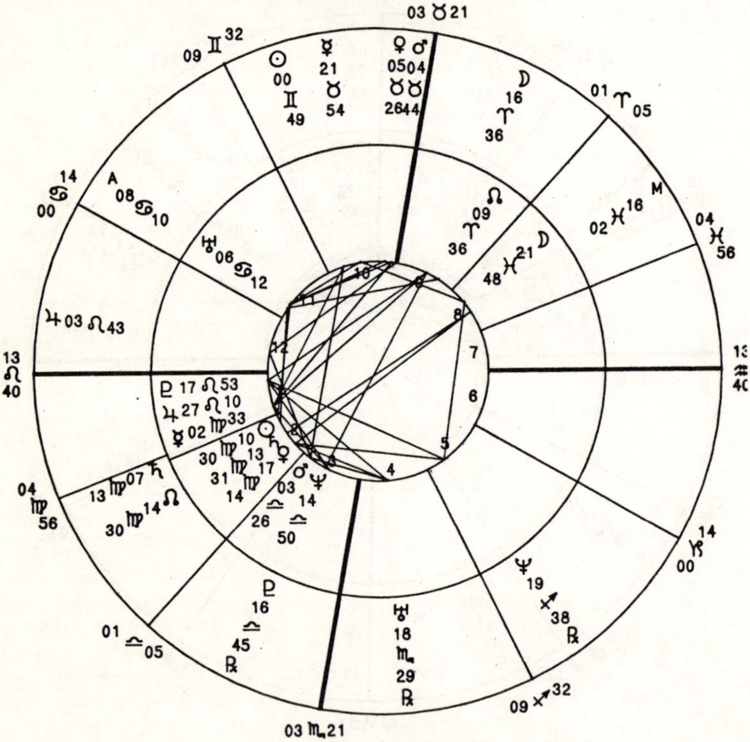

MAPA COMPÓSITO

CÚSPIDES
INTERIORES

VÍTIMA Nº 2 E VÍTIMA Nº 3
6 23 1988 0h 0m 0s EDT
PLACIDUS 40N45 73O57

MAPA NATAL

EXTERIORES

TRÂNSITOS
12 31 1985 14h 30m 0s CST
PLACIDUS 33N31 94O37

Mapa 22

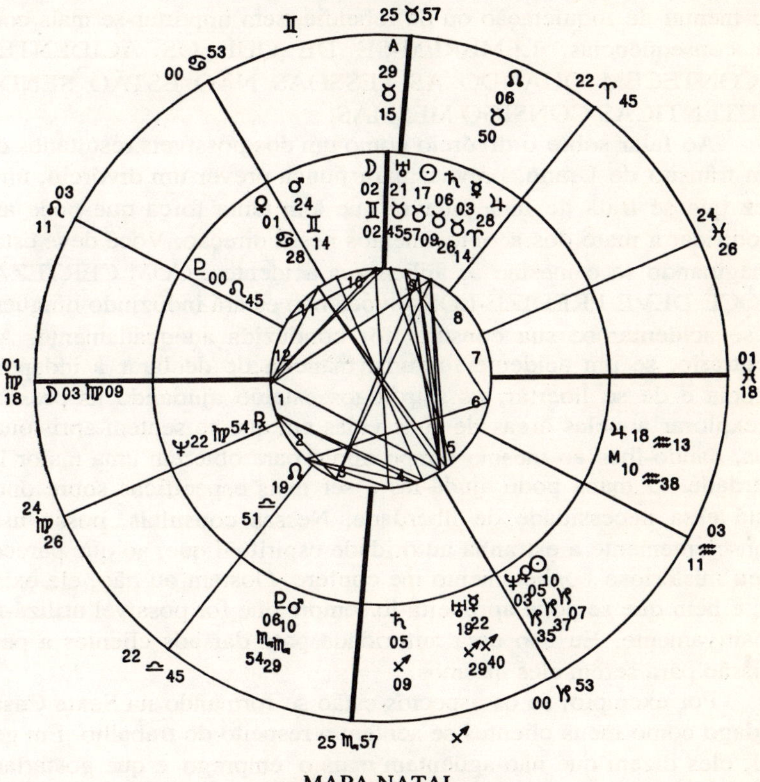

MAPA NATAL

CÚSPIDES INTERIORES

RICK NELSON
5 8 1940 13h 25m 0s EDT
PLACIDUS 40N53 74O1

Urano. Além disso, as pessoas estão vulneráveis à séria tensão relacionada com algum outro acontecimento de caráter uraniano, tal como uma separação ou o fato de terem sido despedidas do emprego. Elas podem se sentir frustradas, desejando uma mudança, e, no entanto, se sentem estagnadas numa situação que não representa mais o seu verdadeiro caminho. Elas também podem se encontrar num estado mental de inquietação ou de rebeldia, sem importar-se mais com as conseqüências. LEMBREM-SE DE QUE OS ACIDENTES ACONTECEM QUANDO AS PESSOAS NÃO ESTÃO SENDO AUTÊNTICAS CONSIGO MESMAS.

Ao falar sobre o divórcio como um dos possíveis resultados de um trânsito de Urano, preveni para nunca prever um divórcio, uma vez que se trata de uma palavra que tem tanta força que pode até modificar a maré dos acontecimentos nessa direção. Você deve estar imaginando se o mesmo se aplica aos acidentes. COM CERTEZA, VOCÊ DEVE PREDIZÊ-LOS – você não estará induzindo ninguém a se acidentar se sua consulta for conduzida adequadamente. Ao contrário, se um acidente for uma maneira de declarar a independência e de se libertar, os astrólogos estarão ajudando as pessoas a explorar aquelas áreas de suas vidas em que se sentem aprisionadas, dando-lhes ao mesmo tempo apoio para obterem uma maior liberdade. O mapa pode ajudá-las a ser mais específicas sobre onde está essa necessidade de liberdade. Nessas consultas, posso usar conscientemente a estranha autoridade espiritual que, ao que parece, meu misterioso conhecimento me confere. Gostem ou não, ele existe, e bem que se pode aproveitá-lo sempre que for possível utilizá-lo positivamente. Eu uso essa autoridade para dar aos clientes a permissão para serem eles mesmos.

Por exemplo, se os aspectos estão se formando na Sexta Casa, indago como meus clientes se sentem a respeito do trabalho. Em geral, eles dizem que não agüentam mais o emprego e que gostariam de trabalhar como autônomos, mas que se sentem incapazes de fazê-lo devido às responsabilidades, ou pelo simples medo de mudar. Discuto a possibilidade de um acidente e pergunto se já não escaparam por pouco de sofrer um. (Podem ser acidentes do trabalho. Acidentes graves desse tipo dão ao empregado direito a uma indenização e a um novo treinamento vocacional, o que talvez seja um dos motivos subjacentes.)

Discutimos por que não é seguro ignorar a necessidade de mais liberdade e expressão individual; em seguida, investigamos como essas pessoas podem encaminhar-se para trabalhos autônomos ou para uma mudança de carreira. Examinamos o tipo de escolaridade que será necessária, o que gradativamente leva à formação de contratos de negócio, e assim por diante. Isso torna evidente a necessidade de os astrólogos terem uma sólida base no que se refere a assuntos vocacionais. Outros significados da Sexta Casa – assim como ser despedido do emprego ou uma crise de saúde de natureza circulatória – também são discutidos, retrocedendo-se ao tema importantíssimo da mudança de carreira.

Se o aspecto estiver se formando na Primeira Casa, interpreto isso como um desejo de mudar a personalidade a fim de refletir com mais exatidão seu verdadeiro Self. As pessoas podem ter se sentido constrangidas a se conformarem às pressões familiares ou sociais durante toda a sua vida, por isso elas agem de um modo um tanto estranho à sua verdadeira natureza. Durante o trânsito, forma-se o desejo de se rebelar contra as normas sociais e de chocar os outros, de uma forma que lembra as atitudes dos adolescentes. Se elas continuarem a se conformar, a raiva e a frustração resultantes podem vir à tona na forma de um acidente ou de uma crise de saúde. Examino a falsa fachada e seus efeitos nos relacionamentos mais comprometidos (a conexão Ascendente/Descendente). Dou aos clientes a permissão para deixarem transparecer sua verdadeira personalidade.

Não farei interpretações de outros aspectos que tendem para os acidentes, visto que os astrólogos praticantes podem usar essas idéias nos mapas individuais. Entretanto, dado um trânsito de Marte/Urano, é importante devotar um bom tempo ao exame de como as pessoas lidam com a raiva, descobrindo um meio mais construtivo de expressá-la. No trabalho de prevenção, os astrólogos podem anotar o auge dos períodos perigosos, digamos, quando o aspecto está mais exato ou quando Lua ou Marte estão estabelecendo contato com Urano em trânsito ou com o planeta natal. Você também pode ensinar as pessoas a observarem as fases da Lua, visto que estão mais sujeitas aos acidentes durante a fase da Lua que corresponde ao seu nascimento ou à fase oposta. (Mostre-lhes a aparência dessas fases no céu.) Também pode sugerir que mandem traçar os seus biorritmos – ou então procure o programa gratuito sobre biorritmos que veio junto com o seu computador e que está largado em algum canto. Marque os dias críticos e os duplamente críticos.

Você deve estar se perguntando se se concentrar em acidentes pode assustar o cliente. Meus clientes não se assustam, pois discutimos as causas potenciais e procuramos meios de liberar a frustração que pode nos levar a um acidente. Dadas as ferramentas para a prevenção de acidentes, o cliente fica com a sensação de estar no controle. Por meio desse processo, a expressão uraniana pode ter seu nível elevado, passando das manifestações mais difíceis para as mais positivas, tal como um desenvolvimento mais pleno da consciência e da individualidade.

Essências para Prevenir ou Curar Acidentes

Há alguns remédios que podem ser úteis para as vítimas de acidentes. Logo depois do acidente, tome o REMÉDIO DA SALVAÇÃO, sem diluí-lo, a cada duas horas durante alguns dias; em seguida, continue usando fórmulas diluídas, junto com a AUTOCURA, que estimula a capacidade que o corpo tem de curar a si mesmo. A longo prazo, um dos componentes do REMÉDIO DA SALVAÇÃO, o LEITE-DE-GALINHA, é recomendável até mesmo para acidentes que tenham ocorrido há muito tempo, visto que ele elimina os antigos choques e traumas do corpo energético. O CONFREI é bom para os ossos, e a essência floral CONFREI alivia os ferimentos na cabeça, regenera os nervos e alivia as dores musculares. Entre as essências e elixires que ajudam as vítimas em potencial, incluem-se o POEJO, a MARGARIDA, o NÃO ME ESQUEÇAS, a ESMERALDA e a AMETISTA; o NÃO ME ESQUEÇAS permite uma reação mais rápida durante as emergências.

NOTAS

1 Dr. Dunbar Flanders, médico, *Your Preteenager's Mind and Body* (Sua mente e seu corpo antes da adolescência), Nova York, Hawthorn, 1962, p. 48.

2 Lois Rodden, *Astro-Data II*, San Diego, CA, ACS, 1980.

3 Michel e Françoise Gauquelin, *The Gauquelin Book of American Charts* (O livro Gauquelin de mapas americanos), San Diego, CA, ACS, 1982.

Capítulo X

A CURA ATRAVÉS DAS VIBRAÇÕES E A ASTROLOGIA

A Relação Deste Livro com Alguns Outros

Este é um dos três livros que escrevi ao lidar com os planetas exteriores. Originalmente, pensei nele como num único livro cujo nome seria *The Outer Planets and Inner Life* (Os planetas exteriores e a vida interior); no entanto, havia mateiral demais para um único volume. A necessidade de espaço se expandiu à medida que minha consciência a respeito dos planetas exteriores se ampliou. O primeiro volume da série a ser publicado foi *Healing Pluto Problems* (Curando os problemas com Plutão); ele contém remédios e exercícios bastante específicos para trabalhar com os problemas relacionados com o planeta Plutão – traumas familiares, segredos que envenenam o organismo, culpa, ressentimento e pesar. Este segundo livro se concentra em fenômenos relacionados com Saturno e Urano – acidentes, medo, depressão, divórcio, a crise da meia-idade, e apresenta sugestões para solucionar os problemas a eles associados.

O terceiro volume da série se concentrará em fenômenos netunianos – o desenvolvimento psíquico, a esquizofrenia, a criatividade, a espiritualidade e o vício – bem como em alguns instrumentos para obter uma expressão mais positiva de Netuno. Considerará, além disso, a variedade de tópicos relacionados com os planetas exteriores e com o trabalho de aconselhamento do astrólogo. Os mesmos instrumentos com os quais você se familiarizou neste livro e no livro sobre Plutão continuarão a ser usados nesse terceiro volume.

Embora você possa obter informações úteis em cada um deles, os três como um todo representam minhas perspectivas pessoais sobre os planetas exteriores. Obrigada por me acompanharem na aventura de explorar os planetas exteriores e descobrir as correlações de cura para eles.

A Astrologia e a Cura Através das Vibrações

Este volume se denomina *Astrologia e cura através das vibrações*. Ao encerrá-lo, é bom verificar a razão que me levou a escolher este título. A palavra vibração é uma palavra em moda na Nova Era e, no entanto, há uma razão para ela ser usada com tanta freqüência. Num nível sutil, percebemos que a vibração é real. Sentimos as delicadas oscilações nos níveis de vibração existentes entre as pessoas e entre o estado de vibração de uma determinada pessoa em diferentes épocas da vida.

O corpo físico vibra, como todas as formas materiais. Ondas cerebrais e eletrocardiogramas nada mais são do que meios de avaliar essas pulsações e flutuações de energia. Os corpos sutis, os chacras e as várias camadas da aura humana ainda estão mais sujeitas às pulsações e flutuações da velocidade vibratória. No entanto, mudanças nessas formas muito mais sutis de matéria são intensamente difíceis de medir. A astrologia é um meio de sintonização com as mudanças do estado vibratório, tanto pessoal como coletivo. Cada planeta do nosso sistema solar e cada um dos doze signos do zodíaco descreve um determinado tipo e foco de energia, uma velocidade específica de vibração.

O estudo do horóscopo natal é um método de se identificar a influência recíproca de energias e de vibrações sutis em nossa vida. A vibração de Saturno é diferente da vibração de Urano, a vibração de Urano é diferente da de Netuno e assim por diante. Algumas dessas vibrações são características da pessoa – certas pessoas podem ser identificadas como primordialmente saturninas, plutonianas, venusianas, ou como tipicamente pertencentes a um ou mais outros planetas. Além disso, algumas dessas vibrações se tornam importantes em épocas diversas da nossa vida – os estados de transição, tal como os acompanhados pelos trânsitos. Sem a astrologia para providenciar um mapa, não reconheceríamos esses padrões de energia em desenvolvimento nem saberíamos como canalizá-los; apenas saberíamos que estamos deprimidos, cansados, ressentidos, inquietos ou esgotados.

Portanto, o estudo da astrologia é uma ferramenta insubstituível para identificarmos nuances de vibração e bloqueios no fluxo de energia através dos corpos físico e sutil, bem como a velocidade vibratória do coletivo. Se a astrologia funciona, não é porque existe causação, mas devido à reverberação. Isto é, Saturno e Urano não causam os problemas que você enfrenta; eles vibram na mesma freqüência à medida que as energias entram na sua vida quando você passa por um trânsito por esses planetas. Eles podem muito bem ser as lentes através das quais se concentram as energias cósmicas.

A astrologia pode ajudar à medida que ajuda rapidamente a identificar o que está se passando. A interpretação de um mapa feita em uma hora, por um astrólogo competente, facilita o diagnóstico – você pode obter uma imagem mais penetrante, mais clara do que está se passando e descobrir de onde partem certos padrões, coisa que descobrirá em seis meses durante a fase exploratória da terapia tradicional. Naturalmente, a astrologia não pode substituir a terapia quando esta é necessária; porém, usada corretamente – sem atribuir a culpa dos seus problemas aos astros – ela é uma ferramenta poderosa para o discernimento e a ampliação da consciência. A consciência em si mesma é uma forte curadora ao tirar as vendas da contestação e ao fazer-nos rumar para fora do estado de robôs inconscientes. Uma interpretação de mapa tende a providenciar um salto uraniano para um novo nível de consciência. Também pode servir de prevenção – ajudando-nos a malbaratar a energia ou usos autodestrutivos do que, em essência, é um impulso positivo.

Como a Astrologia Combina com os Instrumentos Vibracionais de Cura

Combinado com certos instrumentos, o estudo do mapa natal pode elevar a cura a um grau primoroso de especificação. No capítulo sobre a astrologia homeopática, falamos sobre a cura dos semelhantes pelos semelhantes – como, ao tomar um remédio saturnino para um problema saturnino, tornamos a cura mais eficaz. Saber quais remédios são eficazes para um problema relacionado com Saturno, e administrá-los no momento em que Saturno está fortalecido devido ao trânsito pode facilitar a cura. Portanto, uma outra contribuição que a astrologia pode dar para a arte da cura consiste em determinar com precisão o ajuste do tempo. Conhecer os bloqueios acessíveis à cura em dado momento significa que você está trabalhando com o fluxo de energia – e com o desejo mais profundo do cliente – em vez de lutar contra ele.

A ressonância entre o planeta, o instrumento de cura e o corpo energético da pessoa é profunda e vale a pena estudá-la um pouco mais. A astrologia homeopática – alicerce teórico deste livro e dos outros da série – busca identificar essa ressonância. Curar no nível vibracional é desejável, porque ele ajuda você a tornar a se afinar ou a se harmonizar com os corpos sutis, da mesma forma como se afina um instrumento musical. Quando um problema se manifesta no nível físico, em geral ele já existia no nível do corpo sutil por algum tempo – correspondendo à lenta e longa aproximação de um planeta exterior em trânsito. Se você começar com o nível físico e nele permanecer, você está apenas reagindo aos sintomas; não está atingindo a causa, que é alguma forma de desequilíbrio. Quando as energias fluem desimpedidas através dos vários corpos, do causal ao físico, você está no caminho da verdadeira saúde e bem-estar.

A luz é o exemplo mais claro da cura através da vibração, na medida em que a cor está relacionada com as freqüências de energia. A forma sutil da luz na aura, como é usada nas várias meditações e exercícios deste livro, penetra e fortalece o corpo energético. O som é, obviamente, uma forma de vibração. Os cânticos baseados na astrologia são vibratórios por natureza, evocando e fortalecendo uma parte específica do cérebro e do corpo energético que corresponde a esse planeta. O nível em que os remédios florais atuam com mais intensidade também é o dos corpos sutis. O trabalho energético, assim como a terapia da polaridade, a de Mariel, a de Reiki, ou a terapia de toque para a saúde também são eficientes.

Eu recomendo aos astrólogos o estudo desses instrumentos vibratórios. Aos que se dedicam à cura, recomendo o estudo da astrologia, um útil raio-X da variedade de níveis nos quais qualquer problema pessoal atua. Estamos justamente começando a vislumbrar os potenciais de cura através das vibrações e a entender a contribuição que a astrologia pode dar. Aqueles de nós que investigam essas correspondências também precisam partilhá-las com os demais. Ao partilhá-las e ao receber *feedback*, chegamos a entendê-las num nível mais profundo, sem ficar presos nos nossos limites pessoais e nos nossos pontos cegos, mas juntamos nossa experiência pessoal com a de outros pesquisadores. Essa participação também pode poupar um tempo precioso, pois não dispomos de décadas para esperar a evolução desse conhecimento; precisamos do conhecimento agora, de modo que tantas pessoas quantas forem possíveis possam ser ajudadas no menor tempo possível.

Algumas Reflexões Sobre a Numerologia e a Cura Através das Vibrações

Sem sombra de dúvida, a numerologia é uma ciência da vibração. Nunca tive êxito em obter tanta informação da numerologia quanta obtenho da astrologia; contudo, é possível que isso só aconteça porque a astrologia está mais intimamente relacionada com o meu próprio processo cognitivo do que os números. Entretanto, ao escrever este capítulo de encerramento, começaram a aparecer algumas possibilidades muito excitantes para o uso da numerologia.

Pode ser, por exemplo, que cada cristal e cada essência floral estejam afinados com um determinado número e que num dia, num mês ou num ano correspondentes a determinados números, você possa beneficiar-se com a pedra ou com o remédio sintonizado com esse número. É possível que os nomes latinos das plantas tenham de ser usados, visto que cada planta tem nomes diferentes nas diversas línguas. Por exemplo, o que os americanos chamam de coração-de-Maria, é conhecido na Inglaterra como amaranto.

Pessoas cujas datas de nascimento ou cujos nomes se somam a dados números poderiam ser ajudadas a vencer melhor os padrões duradouros, usando-se os correspondentes instrumentos de cura. Por exemplo, a palavra *REBIRTHING* consiste em vários noves e dois, e há quem pense que o dois se relaciona com a Lua e o nove com Netuno. Portanto, *rebirthing* pode ser útil para pessoas cuja Lua e Netuno são fortes nos seus mapas, sobretudo se estiverem em aspecto um com o outro. Falta de números também pode ser reposta por determinados tipos de remédios. As pessoas com falta de um seis, por exemplo, e que, portanto, têm dificuldade nos relacionamentos, podem ser ajudadas com remédios que têm a vibração seis, que por sua vez também se referem ao relacionamento.

Trata-se de um conceito novo para mim, um conceito excitante – talvez um rumo futuro. Pretendo obter um programa de numerologia para o meu computador, a fim de efetuar a soma dos números de todos esses nomes de remédios. Entretanto, não posso pretender alcançar a profundidade de entendimento de um numerólogo quanto ao que a falta de um seis ou o que a ênfase de um cinco pode significar. Os numerólogos podem acrescentar muita coisa ao estudo dos padrões pessoais de vibrações. Os numerólogos que são atraídos para a cura podem prestar a nós todos um serviço, ao explorar essas correlações de cura e ao comunicar-nos suas descobertas.

A Astrologia e a Cura do Coletivo

Porque a Terra não passa de um dos corpos do sistema solar, a astrologia, o mapeamento da interação planetária também ajuda a nos sintonizar com o que está acontecendo com o Todo. A Terra se expande, o sistema solar se expande, da mesma forma que as pessoas dentro dele. Por mais que os metafísicos *Wonderbread* gostem de iludir-se, afirmando que temos uma livre opção ilimitada na determinação de nossas vidas, há um limite para até onde a humanidade pode se expandir, a menos que prestemos atenção às necessidades da Terra.

A cura individual é o foco deste livro e trata-se de uma causa global *sine qua non*; no entanto, sem a cura do coletivo, sem a cura global, a cura dos indivíduos será impossível. Nossas doenças pessoais e nossos males correspondem, mais do que nós, individualistas americanos, gostaríamos de aceitar, às doenças do coletivo – não só nacional, mas global. Muito menos ainda estamos dispostos a aceitar o fato de que nossa saúde e nosso crescimento estão limitados pelo estado da Terra, apesar de nada mais sermos do que células interligadas do corpo desse organismo. No entanto, muitos se queixam de esgotamento, deixando de reconhecer que o que sentem, ao que reagem, e a causa dessa exaustão se origina e se deve ao esgotamento da Terra.

Fazemos parte da Terra e não podemos fugir a essa sensação, igual à dela. Ela está doente – nós a tornamos doente através da exploração e da poluição de seus recursos – e precisamos tomar conta dela e de nós mesmos nos anos que estão por vir. Caso contrário, à medida que os planetas exteriores se moverem para Aquário e Peixes, poderá haver muito sofrimento para a humanidade. Os planetas exteriores se moveram saindo dos signos pessoais, passando para os universais, e agora a geração narcisista do EU precisa deixar de lado as preocupações pessoais para o bem da coletividade. Os espirítos das flores e das pedras preciosas se ofereceram voluntariamente para ajudar nessa cura, dando-nos os instrumentos para elevar o nível vibratório da humanidade como um todo, mas eles não podem – e não devem – fazê-lo para nós.

Precisamos usar de modo consciente o potencial mais positivo das atuais posições dos planetas exteriores. Podemos usar o poder curativo e regenerador de Plutão em Escorpião para deter e reparar os danos. Durante essa permanência dos planetas exteriores em Capricórnio, tivemos de aceitar o coletivo e a responsabilidade pessoal pelo que está acontecendo conosco. Podemos usar o planejamento e a previdência de Urano e Netuno em Capricórnio, a capacidade de sacrifício com vistas a um objetivo valioso a longo prazo, a fim de nos disciplinarmos e nos moderarmos para iniciar o processo da reconstrução.

Onde encontrar os remédios, livros e apoio

BACH REMEDIES: Ellon Company, Box 320, Woodmere, N. Y., 11598 e no Bach Centre, Mount Vernon, Sotwell, Oxon, U. K. *Os remédios florais do Dr. Bach*, Ed. Pensamento, S. Paulo, 1990.

PEGASUS: Pegasus Products Inc., Box 228, Boulder, CO 80306 (800-527-6104).

BONS LIVROS
CULTRIX • PENSAMENTO